大展好書　好書大展
品嘗好書　冠群可期

陳式太極拳 ⑬

王西安 著

陳式太極拳推手技法

大展出版社有限公司

2008年作者（前排中間）在雅典教養生功

作者受王西安拳法研究會希臘分會邀請到希臘講學

作者在跟外籍學生示範：「這個動作應該這樣做」

4

2008年作者（第二排中間）在法國卡爾城市講學
（學生達110人）

2008年作者（後排中間）在義大利國家訓練館講學

太極感言

太極創始數百年，聖地沿襲代代傳。
風流人物數不盡，唯有績甫[*]樹心堅。
培養下代接班人，喜看今日陳溝村。
全村老少皆習武，太極傳播譽全球。

講述氣魄沖霄漢，招招演練作示範。
只恨當年沒留心，又惜未下苦功練。
繼承傳統拙著文，掛一漏萬難補填。
孤燈獨坐思恩誨，回首仰望空歎天。

【注釋】

* 陳式太極拳第18代傳人陳照丕，字績甫。

作者簡介

王西安是當代陳式太極拳代表人物，陳式太極拳「四大金剛」之一，享譽世界的太極拳王。現任陳家溝武術院院長，中國民間武術家聯誼會會長，焦作市武術協會副主席。他是國內外50多個武術團體的會長、顧問或總教練。

他出生於太極拳發源地陳家溝。自幼隨陳式太極拳大師陳照丕和陳照奎習練太極拳，前後20多載，掌握了陳式太極拳的精髓。他的套路演練舒展大方、形神兼備。他的技擊功夫極好，跌打擲放，迅、猛、靈、脆，威力驚人。1972年，他開始參加比賽，先後20多次獲得全國和河南省太極拳套路和推手比賽冠軍。他是首屆全國太極拳推手錦標賽冠軍，首屆全國太極拳名家邀請賽冠軍。

1983年，他開始出國講學傳拳。他的足跡已經遍及30多個國家和地區。他是第一個應邀出國傳拳和將陳式太極拳傳到日本與歐洲的陳式太極拳大師。他的200多個入門弟子都是全國或河南省太極拳比賽的冠軍，他的弟子的弟子獲得全國或河南

省太極拳比賽冠軍者不計其數。他的外籍弟子獲得中國或本國太極拳比賽冠軍者不勝枚舉。

他勤於筆耕，先後出版了《陳式太極拳老架》《陳式太極拳推手技法》《陳式太極拳老架技擊秘訣》《陳式太極拳新架一路》、《陳式太極拳新架二路及單刀單劍》等太極拳著作。他的著述中處處閃現其對運動走勁的獨特感悟，初學者細讀可粗窺門徑；有志者循序漸進，可達精妙之境。他還錄製了9種陳式太極拳套路演練光碟。他的著作和光碟均在國內外發行。他已入選《中國武術家名典》《東方之子》《中國名人錄》等。

Introduction To The Author

Being one of the four world-famous Chen Style Taijiquan Grand Masters, Wang Xi'an is a representative figure of contemporary Chinese martial art. He is the current president of Chen Village Martial Arts Institute, the chairman of Chinese Folk Martial Artist Association, and the vice chairman of the Wushu Association of Jiaozuo City. He is also the head coach or consultant of more than 50 martial art teams throughout the world.

Master Wang was born in Chen Village—the birth place of Chen Style Taijiquan. Starting in his youth, he followed the two 18th generation Chen Style Taijiquan grand masters, Chen Zhaopi and Chen Zhaokui, for over 20 years to learn and refine his skills and theory. Under the brilliant teachings of the two grand masters and through his own diligence, he mastered the essence of Chen Style Taijiquan and excelled in many aspects of Chen Style Taijiquan, especially in the practical techniques of push hands. His beautiful forms are characterized by graceful, complete, and natural moves. His astounding combat techniques are full-feature demonstrations of power, swiftness, flexibility, and effectiveness. Since 1972 master Wang has participated in numerous national and regional martial art tournaments and earned more than 20 titles in both Chen Style Taijiquan routines and push hands. He was the champion of the very first National Taijiquan Push Hands Championship Competition, and the champion of the first National Taijiquan Masters Invitational Tournament. Master Wang started his teaching outside China from 1983, since then has traveled to over 30 countries and regions worldwide to teach Chen Style Taijiquan. He was the first Chen Style Taijiquan master having been invited to teach taijiquan in Japan and Europe. His more than 200 formal disciples are all gold medal winners of various national and regional taijiquan tournaments, and his disciples' students have also won numerous gold medals in national taijiquan tournaments. Many of his international students are champions of national and worldwide taijiquan tournaments.

Based on his won learning and teaching experience as well as the works of earlier Chen Style Taijiquan masters, Master Wang has published several books about Chen Style Taijiquan: *Chen Style Taijiquan Old Frame, Chen Style Taijiquan Push Hands Techniques, The Secret Combat Techniques of Old Frame Chen Style Taijiquan, Chen Style Taijiquan New Frame First Form, Chen Style Taijiquan New Frame Second Form Single Broadsword and Single straight Sword.* He also recorded all Chen Style Taijiquan routines on a set of 9 video discs to give students a live, thorough, and detailed demonstration. These books and videos are available throughout the world, these works fully reflect Master Wang's personal enlightenment and deep understanding of the Chen Style Taijiquan theory and training system, they were written to help beginners as well as advanced students to improve their taijiquan skills towards perfection. Because of his excellent taijiquan skills and well recognized works in teaching and promotion taijiquan throughout the world, Master Wang was selected to be listed in *The Dictionary of Chinese Martial Artists, The Son of China, The Book of Famous Chinese People.*

序　言

　　喜聞王西安先生的新著《陳式太極拳推手技法》即將出版，興奮之情難以言表。

　　記得1995年11月我們邀請他到日本東京講學的時候，他的提包裡裝著兩本正在修改的書稿，這本書就是其中的一本。

　　講學之餘，他把全部精力用於著述和修改書稿，這令我們非常感動。王西安先生高尚的武德、卓越的拳技，一直是我們日本太極拳愛好者學習的榜樣。他多年為促進中日兩國太極文化的交流和傳播做了大量工作，對此我們深表敬意。

　　如今在日本，喜愛太極拳的人正日益增多，他們都從「剛柔相濟、陰陽開合」的太極拳中不同程度地瞭解和感受到中國文化的巨大魅力。我認為這些成績的取得是與以王西安先生為代表的中日兩國致力於發展太極拳事業的人們長期以來辛勤的工作分不開的。

　　「太極」的本意是「無所不在，無所不有」。所以，我們相信太極拳不僅屬於中國，也屬於世界，

因為她揭示了整個人類玄而又玄、博大精深的精神。

　　感謝太極拳，也感謝王西安先生！透過學習太極拳和認識王先生，我感受到了完全不同的世界和人生。衷心地祝願王先生寫出更多更好的太極拳專著！

野口敦子

1998年1月於日本東京

自 序

　　陳式太極拳是融健身、技擊為一體的古老拳種，早在300多年前就已成為我國最著名的拳派之一。太極拳的「太極」二字，內涵豐富，包括面十分廣泛，涉及天文、地理、樂律、兵法等諸多學科。

　　近年來，隨著喜愛和演練太極拳的人日益增多，對太極拳理論書籍的需要也愈來愈迫切。

　　本書是在陳式太極拳老架一路76式和老架二路45式的基礎上，刪去重複動作，分別剩餘42式和38式，逐式分解技擊用法及其特點和運動路線。為便於演練者背誦、記憶，書中用了較多的五字或七字俚語，各式後邊附有不同情景下的分解動作用法詳解，最後以陳鑫俚語歌訣結束。

　　本書對有一定練拳基礎的人研究陳式太極拳有一定的參考價值。但在演練時要注意，無論是推手實踐，還是練習單式，都必須建立在「陰陽開合」「剛柔相濟」「開中寓合」「合中寓開」的技擊、形體相互轉化的基礎上。在技擊方法練習中，不能因重視技擊，反而出現斷續、僵直、丟頂之病，只是在意念和

手法上略有側重而已，久之熟能生巧，定收良效。切不可顧此失彼，弄巧成拙。

　　本書是著者在長期練拳實踐中的一點經驗積累和體會，意在拋磚引玉。演練者應遵循太極拳的理論，在實踐中反覆體會，總結經驗，明辨各招式中的「意與氣」「氣與形」「形與神」「內外相合」「周身相隨」等原則。只有掌握各招式之間的相互變化關係，才能逐漸提高自己的技擊水準，愈練愈精。

　　因作者水準有限，加上時間倉促，書中會有疏漏之處，望廣大讀者朋友閱後多提寶貴意見。閻素杰、宋振偉參與了本書的校對工作！

王西安

1998年8月於鄭州

目　錄

第一章

概　述

一、陳氏始祖歷史推源

陳家溝陳氏始祖陳卜，於明洪武五年（1372年）遷居河南懷慶府，至今已有六百餘年歷史。關於陳卜的歷史淵源，各執己見，眾說紛紜。到底他原籍在哪裡、家鄉在何處，一直是個未解的謎團。

據陳氏家譜記載：始祖陳公諱卜，於洪武五年於原籍山西省澤州府東土河村攜眷避遷洪洞。先是明元逐鹿取我中原時期，明太祖屢戰懷慶不下，定鼎後曾血洗懷慶，人煙幾乎絕滅，繼遷晉民填補。故我始祖在避遷中，又由洪洞被迫遷至沁陽東南三十里之野，結廬居也。

始祖為人忠厚，兼精拳藝，頗受時人推崇，而以其名命其居處曰陳卜莊，住二年又全家遷居溫縣城東十里之常陽村。後因人丁繁衍，村名易為陳家溝（1976年12月修）。

《太極拳圖畫講義》（陳鑫著）中有一段敘述道：我陳氏自陳國支流山左派，衍河南始於河內，而卜居繼於蘇封定宅，明洪武七年（1374年）始祖諱卜，耕讀之餘，而以陰陽運轉周身者，教子孫以消化飲食之法理根太極，故名曰「太極拳」（中華民國二十二年四月初版）。

《陳氏太極拳匯宗》（陳照丕著）自序中有一段道：「明洪武七年，余始祖卜，由山西洪洞縣大槐樹遷居河南溫縣常陽村。因我族生嗣繁衍，遂以陳家溝易名；西距城十里；背負一嶺，名為清風嶺。當時內匿匪類甚多，擾劫村民，官兵莫敢捕。余始祖以夙精太極拳，慨然奮起（中華民國二十四年十月初版）。

《陳氏世傳太拳術》（陳子明著）自序中有一段道：自我九世祖王廷公創始太極拳術，下逮子明，已及八世，其間名手輩出（中華民國二十一年十二月三十日初版）。書中未曾提到始祖之詞。

在《太極拳源流考》中唐范生略提到陳卜，其意說陳卜不是太極拳創始人。創始人應該是陳王廷。

1986年年前，我在翻閱陳鑫著的《太極拳圖畫講義》（手抄本，中華民國五年八月中秋五日品三）時，看到自序中有一段「始祖陳公諱卜，山西

晉城澤州郡東土河村」。

　　當時看過之後，我又細心地查閱了陳氏前輩的所有資料，所述各有不同。有的說「澤州郡」，有的說「澤州府」；有的說「東土村」，有的說「東土河」；有的說陳卜時期人們就會練太極拳，有的說陳王廷創始太極拳。

　　此處先不論誰是創始人，且說看過陳鑫手抄稿之後，每當想起總是有點含糊，總想弄個究竟。由於工作忙碌，一晃數年已過。

　　1998年秋，我與閻素杰、張保忠、張豆豆四人前往山西調查。一路上翻山越嶺，穿溝爬坡，經過幾天的尋找，終於在第三天找到了東土河村。我們先找到村支書郭智慧先生，講明來意後，他對我們的工作非常支持。

　　他笑著說道：「走，我領你們去見一個人，他是我們村的老幹部，對歷朝歷代的歷史最清楚，在我們村都叫他是『活字典』。」

　　出了他家向東又向南，沒多時就來到了這位老幹部家，經過支書的介紹，知道他叫郭延祥。

　　老郭問我們是從哪裡來的，我們答：「河南陳家溝。」他一聽說陳家溝來人，笑著道：「陳家溝與土河村是一家人。」

　　我們接著就切入正題，問他：「你怎麼知道陳

家溝與貴村有淵源呢？」老郭伸手拿起桌上的茶杯，喝了口水，道：「說來話長」。

老郭說，土溝村比較古老，在元代前村裡就幾百口人，後經歷代爭戰，人口愈來愈少。特別到了明洪武三年（1370年）之後，這一帶連年遭災，加上官府苛捐雜稅繁重，已是民不聊生。到了洪武五年（1372年）春，這村外出逃荒要飯者更不計其數。

老郭說，這村中有一姓陳的老漢，他有三個兒子。有一天，老漢把三個兒子都叫到跟前說：「這個家你們是不能再待下去了，出外逃荒要飯也比咱們都餓死在一塊兒強。」三個兒子一聽便跪下哭著道：「爹，您年過六旬，應該是孩子們伺候您的時候了。我們怎能忍心自己逃命，扔下您不管？」陳老漢沉下臉道：「你大哥不走，留在家裡。老二、老三你們自個走。」

隨即陳老漢到屋裡拿出個鐵鍋，照地上一摔，然後用手一指道：「你們兄弟三人各執一片。若能活下去，日後你們兄弟見面時以鍋片為證。」後來聽村中老人們一代代傳下來說：老三在沁陽邘邰，老二在常陽村（今陳家溝）。

我們又接著問道：「陳家在這村會不會練拳？」老郭道：「會。以前陳家還中過武舉呢，這

人叫陳錦堂。不過遭荒年後就不練了。」談完後，老郭又領著我們到陳家祠堂舊址，找幾個80歲以上的老人給我們講陳家的歷史。他們和老郭講的都是大同小異。

臨走時老郭又給我們說：「你們如果有時間，到晉城市找一找陳富元，他是陳家輩數長、年歲大的人，對陳家歷史知道的也多些。」我們聽後隨即驅車前往晉城。

趕到晉城，天已是下午了。我們找了個熟人，領著我們找到了陳富元先生。講明來意後，陳富元對我們說，由於以前連年戰亂，記載基本都丟光了，只是陳門長者代代傳說：土河村已有數百年的歷史，由於歷史的變遷，歲月流逝，家譜只能續到清末。前輩為了延續子孫萬代，陳家先祖曾為陳門啟用了「仲思自文玉、福廷雲金和、景作元風殿、毅假良貞洪」這20個字譜，作為子孫續排傳用。

我們問：「陳家溝與土河村姓陳的有啥關係沒有？」陳富元道：「據歷代傳說，明初戰亂剛剛平息，苛捐雜稅愈來愈重，又加上那幾年災荒不斷，家族中曾有不少人背井離鄉，攜兒帶女逃荒往河南去，後來傳說他們都在河南懷慶府邘部、常陽落戶了。」我們又問他：「你們陳家知道河南有你們陳姓同門，為什麼都沒人去看看？」陳富元道：「以

前沒有公路，太行山層巒疊嶂，數十里沒有人家，若沒人結伴同行，遇見狼蟲虎豹那定是有去無回，誰敢去？不過，1965年2月初我們一行幾人去尋訪過。由於年代久遠，又缺少文字記載，一時難以搞清楚。不過他們都知道自己是晉城人」。

第二天，為了弄清澤州郡、澤州府，東土村、東土河的問題。我們又走訪了晉城市史志辦。他們說：「你們所查的資料歷史年代比較久遠，一時半刻搞不清楚，最好你們親自查」。

經過查閱，澤州名最早始於隋代，後經唐、宋、元、明、清、中華民國時期，略有變動。參考變動情況：隋開皇三年（583年）取消郡的制度，以州轄縣。高平郡改為澤州。

唐高祖武德元年（618年）廢長平郡置澤州。唐高祖武德二年（619年）析丹川縣置晉城縣，晉城名由此始。唐太宗貞觀元年（627年）澤州州治由端氏移至晉城。唐玄宗天寶元年（742年）改澤州為高平郡。宋高宗建炎二年，金太宗天會六年（1128年）改澤州為南澤州。金海陵王天德三年（1151年）南澤州復改為澤州。

清世宗雍正六年（1728年）澤州改府。

中華民國三年（1914年）廢澤州府，改鳳台縣為晉城縣。

1983年，晉城縣改為晉城市（縣級市）。

1985年，晉城市改為省轄市。1996年晉城市郊區改為澤州縣。晉城若干村名變異表正數第8行有：東土河村（原名東土蛾村），何時變異沒有記載。

晉城縣的基層行政區劃，明代以前無從詳考。明、清兩代均實行里甲制度。清代以來的里甲制度有較為詳細的記載。《山西通誌》記載：清雍正六年（1728年）鳳台縣劃為170里，但未記載里甲的具體名稱。

清乾隆四十七年（1872年）版《鳳台縣誌》及清光緒八年（1882年）版《鳳台縣誌》對鄉里名稱均有詳盡記載。

清乾隆時，全縣劃分4鄉、20都、171里（後改為150里）。鄉轄都，都轄里。城內設10坊。關邊設9鄉。4鄉中立南鄉，下轄26里、347莊，東土河村則在其中。

東土河村概況：東土河，全村284戶，887人，耕地面積1197畝。村內以陳、王、郭三姓為主。陳姓165戶，825人。村東西長0.8公里，居住在面南坐北的山窪裡。村內老街比較狹窄，但全是青石條鋪地，由於年代久遠，雨水沖刷，長年失修，如今變得有些凹凸不平。古老房屋處處可見，保存

完好。歷代古跡四處呈現，山青水綠，風光秀美。

村東頭，有兩棵老樹，一棵槐樹，一棵楊樹，數人環抱不能圍。由於年代久遠，兩棵樹螺旋形纏繞到一起，彎曲前伸，由路南到路北又漫圓下垂，遠遠看去好像是一座人工搭成的大寨門。歲月流逝，樹幹中空，人們常在樹下乘涼，樹內避雨。村西頭有座大廟，始於宋代，華麗精美。廟後緊靠青山，兩邊是溝，右邊叫圪里溝，左邊叫化角溝，溝內溪水流淌，長年不斷，聽到嘩嘩的溪水聲，清心悅耳。相傳，這座廟與晉城市廟及河南沁陽二仙廟相繼建立，後人稱這三座廟為姊妹廟。

望月壁，在廟的南邊，牆寬20餘公尺，高10餘公尺。影壁牆四周塑著四個彎腰神像，手執鐵鍊，個個齜牙咧嘴，人稱「四大天王」。中間塑了一頭大犀牛，更是精美別緻，在陽光的反射下，地面可以現出牛影，故後人把它叫做「犀牛望月」。

村南邊山頂有座「珍珠塔」，50多公尺高，始於唐代。這座塔修造得更加精美，雕樑畫棟，各種圖畫琳琅滿目，在陽光的照耀下，五彩繽紛，華麗誘人，讓人流連忘返。

村西南山腳下，在青石板上有3眼吃水井，開挖於明代，井深3公尺，水仍清澈見底。在沒有先進工具的年代裡，石上開井絕非易事。這顯示了東

土河村人民的堅毅和智慧。

村西南的大山上，半山腰孤零零地伸出一塊大青石（3公尺多長，兩公尺多寬），遠遠望去像是一隻從山中向外爬出的烏龜，近看更是形象逼真。當地民謠道：「空騰龜天成，人誠龜更誠。踩踩龜身背，輩輩都富貴。踏踏龜脖頭，萬事不用愁。踩踩龜背腰，步步能升高。」

為弄清陳卜遷居陳家溝的歷史淵源，我曾去太原，下洪洞，三到晉城，三訪東土河村。調查所得，與陳鑫的《太極拳圖畫講義》中所述相符。陳家溝陳氏始祖陳卜，實屬東土河村人氏。因作俚歌，以志紀念。

歷代澤州多爭戰，元明時期人更慘。
苛捐雜稅繁且重，饑荒年裡遭蝗蟲。
日午灶旁無炊煙，草根樹皮把肚填。
陳卜攜眷逃洪洞，又遇移民徙懷慶。
為撥迷霧深山訪，澄清淵源志氣揚。
歲月如煙空逝去，彈指一揮數百年。

二、太極拳推手的起源

陳式太極拳推手起源於河南省溫縣陳家溝，是

陳式太極拳的創始人、明末清初陳氏第9代陳王廷發明的。陳王廷（字奏庭）是河南省溫縣陳家溝人，擅長武術。據《陳氏家譜》所記：「在山東稱名手……陳氏拳手，刀槍劍棍創始人也。」他在祖傳的108式通背長拳的基礎上，吸取明代民間諸家武術流派之精華，結合《易經》《黃帝內經》《針灸大成》等學說，根據陰陽動靜開合的原理，反覆實踐，發明了一種獨創性競技運動──太極拳及太極拳推手。

推手原來也叫「撾手」或打手。它是建立在抓、拿、摔、化、跌、打及反骨等基礎上的一種實用性的技擊方法。其技擊、對抗性甚強，對增強體質、耐力，提高動作靈敏度和反應速度等具有十分重要的作用。

太極拳推手不受年齡、性別、身法和場地、器材等條件的限制，且演練者一般情況下不會受到傷害，比較安全，還能達到運動健身、娛樂交流、祛病延年等目的，因此數百年來，一直廣受歡迎。

特別是近年來，隨著人民物質生活水準的提高，人們對保健、養生日益關注，太極拳推手因其獨特的技擊實用性和養生保健功能很快風行中外，由閉門自守走向世界，相信今後演練太極拳和推手的人會越來越多。

三、演練推手應由淺入深

若練推手就要首先知道何為推手？其內容和含義是什麼？練習推手應當遵循哪些原則？從字面上理解，推手有雙方相互推按之意，是太極拳的獨特競技運動。透過推手對己彼功夫可以進行很好的檢驗。

拳論曰，「由招熟而後懂勁」，「由懂勁而階及神明」，這些論述不只是指走架子，推手也同樣是這個道理。在開始演練時，相互要謙讓，注意在周身放鬆的條件下以劃弧和劃圓為主，互相聽勁，不可丟頂。待單手平圓和立圓熟練後再練習四正手，繼而四隅手，循序漸進。

推手中放鬆是原則，走化是基礎。這些原則與基礎須經由四正手和四隅手八門勁別的反覆實踐鍛鍊，達到周身觸覺靈敏和肌膚能自然反應後，方能完全體會其中的奧秘，進而知彼、緩急、剛柔、進退等。此時皆可以皮膚、聽覺來隨時做出判斷，從而巧妙地綜合利用抓、拿、摔、化、打、跌等技擊方法。

但技擊運用時有寬、窄兩面之分，如能懂得跌法，運用巧妙自如，發擊時可用窄面，即使擊人於

3公尺之外也無須用護具和地面設施來保護，被擊者則毫無損傷，發擊者的勁力輕重十分適宜，這些都在把握之中，方為巧妙。

這些巧妙都是日積月累而來，特別是單人演練時，要視無人當有人，做到平心靜氣、專心致志，又得有心意、精神、氣質、勁力、速度的緊密配合，時時處處以假設聽勁為本，先粗後細，熟中生巧，切莫為練而練。否則，到頭來汗沒少出，氣沒少費，卻一事無成。演練者在練習中持之以恆，不斷提高，最後定能收到健身和技擊雙重效果。

四、推手的核心

推手的核心是沾、黏、連、隨及纏絲勁。這也是它獨創的中心內容。它以掤、将、擠、按、採、挒、肘、靠、進、退、顧、盼、定式為基礎，以陰陽之理為理論根據。

在推手時要求做到「剛柔相濟」「輕重兼備」「快慢相兼」「捨己從人」，以皮膚感覺對方勁別的輕重、快慢、虛實、長短和動向，然後忽快、忽慢、忽進、忽退、忽左、忽右、忽高、忽低、忽開、忽合、忽蓄、忽發。

隨著富有彈性和韌性的內勁靈活變化，運用彈

性和摩擦力的牽引作用，發揮「引進落空」「乘勢借力」「以輕制重」的技巧，掌握「動急則急應」「動緩則緩隨」「彼不動，己不動；彼微動，己先動」的戰略戰術。牽動對方重心，「以輕制重」，「以實破虛」地發勁於對方，做到沉著鬆勁，專注一方，發勁才能乾脆俐落。

太極拳推手創始人陳王廷在《拳經總歌》（又名《打手歌》）中說：「掤捋擠按須認真，上下相隨人難侵，任人巨力來打我，四兩化勁撥千斤。」這是解釋雙方諸靠、引進落空和掤、捋、擠、按四正手為基本的功夫原則。

到了第14代，太極名家陳長興又曰：「縱放屈伸人莫知，諸靠纏繞我皆依，上攏下提君須記，扳捌橫採也難敵，逼壓推打得進步，閃驚巧取有誰知，蒙頭蓋面天下有，攢心朵肋世間稀。」這是解釋聽勁、驚閃勁和四隅手的運用方法。這些拳論言簡意賅，歷史上廣泛傳抄，成為近代人們演練太極拳和推手的主要指導理論。

拳論又曰：「一陰九陽根頭棍，二陰八陽是散手，三陰七陽猶覺硬，四陰六陽類好手，唯有五陰並五陽，陰陽不偏稱妙手，妙手一運一太極，太極一運化烏有。」

拳論對五層推手功夫，在各個階段如何練習，

陰陽的分成比例都講得非常明白。但是，太極拳推手作為一門高深的科學是永無止境的，還需要我們進一步努力研究、不斷探索、精益求精。為繼承和發揚中華文化遺產太極拳推手，望廣大太極拳愛好者，共同來研究、探討，向科學深度進軍，向前人未達到的高峰攀登。

五、演練太極拳的三個階段與推手的關係

關於演練太極拳的三個階段，拙著《陳式太極拳老架》第二章陳式太極拳三三原理中已有詳細論述，讀者可以參看。它主要指初學者招熟階段以形帶氣明勁訓練、懂勁階段以氣催形暗勁訓練、神明階段形神兼備靈勁訓練三個階段。在太極拳推手訓練中，同樣也存在三個階段、三種方法，即「一陰九陽根頭棍至二陰八陽是散手」階段大圈的演練方法、「三陰七陽猶覺硬至四陰六陽類好手」階段中圈的演練方法和「五陰五陽稱妙手」階段小圈甚至無圈的演練方法。

太極拳演練中存在的招熟、懂勁、神明三個階段與太極拳推手的大圈、中圈、小圈乃至無圈訓練方法是相互關聯、相輔相成的。

　　也就是說，在招熟階段以形帶氣明勁訓練與推手中的大圈訓練相結合；懂勁階段，以氣催形暗勁訓練與推手中的中圈訓練相結合；神明階段，內外兼修靈勁訓練與推手中的小圈乃至無圈訓練相結合。在不同的階段，採用不同的方法，使太極拳的各種勁別與推手中的大、中、小圈（無圈是指精微、巧妙之意，並非徹底靜止）訓練方法有機結合起來，才能循序漸進、刻苦琢磨，繼而達到形神兼備的神明階段。

　　練到了這個程度，動作已經非常活順，內氣十分充足，周身十分空靈，內有虛實變化無端，外有鬆活彈抖蓄發相變，周身上下無處不是手，與人交手，「挨著何處何處擊，我也不知玄中玄」。練到此時才是五陰五陽，陰陽相當，不偏不倚，達到練神還虛之界。但這並非高不可攀，古人云：「拳如逆水行舟，不進則退也。」

六、推手是檢驗太極拳功夫 的唯一標準

　　推手是檢驗拳勢與實際用法好壞的簡便方法，也是檢驗練拳功夫深淺程度的唯一標準。

　　練拳是單獨長功夫的知己階段，而推手可以知

彼，是兩人的對抗性運動。看起來很簡單，實際上
不但需要保持平衡，而且還需要功與力的密切配
合。沒有功與力就談不上發揮巧的作用，但這也不
是頂牛拼體力，而是在雙方推手著力的情況下，自
己的功力根據對方尺度達到一定水準即可。在雙方
力量相持的情況下，柔化能破千斤，謂之「無力打
有力，四兩撥千斤」。

　　但千斤也可勝小力，二者是相互辯證的關係，
需要在實踐中去研究。在體會對方的勁路和如何控
制好自己的重心上多下工夫。推手時，一是觀察對
方的形態和角度，二是觸感對方勁力的大小、速度
變化，而平衡分析可感知並控制好自己的重心。只
有弄清彼的變化情況，才能即刻採取相應的動作，
克敵制勝。

　　功夫達到較高境界時的推手，靠的是觸覺高度
靈敏，甚至是條件反射，瞬間打敗對手。如果功夫
能達到中圈、暗勁、四陰六陽類好手階段時，無須
再多此深慮。因為此時皮膚受到刺激後的自然條件
反射，速度較快，似乎是未經思考的連鎖反應，這
些功夫都是在千錘百煉實踐中得來的。

第二章

太極拳推手十大勁論

一、聽勁論

聽勁，是太極拳及推手中的專用術語，有雙重之意，是耳聽、眼觀及周身肌膚觸覺，覺察和心靈、神經系統的感知。至於感知靈敏度的高低，是由練拳和推手功夫的深淺所決定的。

聽勁大致可分如下三個階段：一是骨感聽之，二是皮感聽之，三是毫感聽之。

何謂骨感？骨感是指初學者皮感不靈，待拿、擠、按受制時，才知自己已經被動，方才緊急應變。

何謂皮感？皮感是以心意為統率，以沾、黏、連、隨為根本，以肌膚為主導，在推手時，以肌膚感觸覺察彼之左旋右轉、上起下落及輕重變化。待拳練到相當高級階段時，內氣非常充足，能體現出周身空靈，周身各處皮感相當靈敏。此時與人交

手，定是先由毫感傳至皮感，在毫感傳到皮感的一瞬間，已能做出極端靈敏準確的反應。

所謂毫感，就是功夫達到五陰五陽（陰陽相等）的境界時，周身隨心所欲而不逾矩，身心進入一片靈境、化境，那時毫毛皆空，一羽不能加，蠅蟲不能落，人之勁初觸我毫毛，我之勁已入彼之骨髓，所以人不知我，我獨知人，英雄所向無敵。

現在由於各種自然條件所限，下工夫練拳缺乏幽靜之處，意念不能高度集中，所以影響聽勁靈感，一般學者只有骨感，少數才能達到皮感程度。

聽勁是千變萬化的，全憑皮毛的神經感知判斷，實非易練之功。故在未練聽勁之前，應先練沾黏勁，若不懂沾黏勁，則不能聽勁，不能聽勁，則不能懂勁。猶如聾啞人聽人說話，耳不能聽之，則不能解他人之意。

故欲懂勁非先聽勁不可，聽勁除必須符合太極拳的「快、慢、沉、穩、虛、實、開、合」八字要訣外，還必須嚴格遵守「沾、黏、連、隨」這一推手「四要」。其關鍵在於快慢相兼，氣沉步穩，虛實分明，內外相合，連綿不斷。

周身關節處處開張，而不能有絲毫拙勁呆力，只有這樣長期鍛鍊下去，使周身神經日感敏銳，才能達到微感靈知地步。正如《孫子兵法》所云：

「神乎神乎，至於無形，微乎微乎，至於無聲，故能制強敵於死命。」達到那種高智慧境界，那種神明超妙的形神奧妙，是不言而喻的。

反之，橫氣填胸，血氣上浮，周身肌肉僵硬，則必然反應遲鈍，敵之來勁聽不真切，判斷不準，甚至視而不知，聽而不覺，及至勢危，方才慌忙應戰，盲目攻守，導致失敗，故學者不可不詳察焉。

二、懂勁論

懂勁，是太極拳推手中必須弄懂的關鍵問題。所謂懂勁，就是在運動中能夠辨別出對方勁的虛實、剛柔、快慢、長短、緩急、方向、曲直、大小、落點以及可能的變化，並且能夠把握好節奏、時機，使引、化、拿、發恰到好處，克敵制勝。

懂勁，是建立在聽勁基礎上的，能聽出彼勁，才能懂勁，如不能聽出彼勁，即不能懂勁。所以初學者對於懂勁甚感困難，一時難以做到，只有經過相當一段時間勤學苦練和細心揣摩，並有名師給予指點，才能逐步悟到懂勁。

所以說，在未能懂勁之前，推手就容易犯僵、直、丟、頂之病。待懂勁後，在推手中又會犯爭強好勝之弊，此時要注意克服訓練中常見的35病，

即：抽、拔、遮、架、磕、猛、躲、閃、侵、凌、斬、摟、搓、欺、壓、掛、離、賺、撥、推、混、硬、排、擋、挺、霸、騰、擊、直、實、鉤、按、捌、抵、滾。否則，即使僥倖取勝，也並非真正達到了懂勁階段。

所謂病，是在推手中脫離了中正圓活，背離了沾、黏、連、隨之原則，故曰病手、病身。

懂勁也是對推手及練拳的方位、角度及功夫好壞的大檢驗，練拳時前進、後退、左顧、右盼、中定及推手中的掤、捋、擠、按、採、捌、肘、靠八種方法和勁別，能否在交手中運用自如，在推手中能否做到沾、黏、連、隨，搭手便知其拳藝和功夫如何。

所以說，招式是方法、途徑，八法是手段。透過這些方法、途徑及手段，目的是歸結到抓、拿、摔、化、打、騰、閃、折、空、活，兼施並用，而不僅僅侷限於一個「打」字。

中華武術門類繁多，無一不獨具自己的特色和風格。太極拳是其中的重要門派之一，所以懂勁不能只限於推手，和其他武術一樣，同樣適用於自由搏擊和交手散打，這才是太極拳的真正面目和實用價值。

推手是以沾、黏、連、隨懂勁為準則的實戰訓

練形式，散打交手也同樣不能離開上述四字的懂勁原則，無非散打是技藝昇華到相當階段後，擺脫推手這一訓練形式，而成為實戰交手散打這一實用形態罷了。但它還必須合乎規矩繩墨，這就是太極拳推手及散手的辯證統一關係。

有些人不瞭解太極拳，把太極拳看成是女子健身，老弱病殘及文人、書生療病消遣的無實戰用處的體操，那是十分錯誤的。

陳氏第14代著名太極拳家陳長興在《太極拳歌訣》中云：「縱放屈伸人莫知，諸靠纏繞我皆依，劈打推壓得進步，扳挒橫採也難敵，鉤掤逼攔人人曉，閃驚取巧有誰知！」

這首歌明確指出，「縱」是前進之意，「放」是打擊之意，「屈」是合之意，「伸」是展之意。這就是說，無論在前進擊打，或屈合開展時都應做到知己知彼，隨心所欲，人不知我，我獨知人，此即有沾、黏、連、隨，聽勁懂勁之意。

第二句是說雙方互靠纏繞時即以連隨應之，這裡的「依」就是隨從，捨己從人之意。

第三、四、五句都是太極拳散手用法，所以從歌訣中就可以看到太極拳不是單純的推手，而是推散兼宜的博大精深的實用武術。正如前面所述，推手是訓練前期為了避免傷害事故而採取的實戰訓練

方式，交手散打是實戰搏擊的運用形態。

　　只是由於歷史的發展和時代的前進，先進的武器出現後，武術相應演變成了技擊體育。由於現代科學技術的發展，人們對太極拳有了較深的認識，為了健身、防身、自衛，在推手四要和懂勁基礎上，對太極散手也進行了同步練習。只有這樣，既懂得推手，也懂得散手，才是太極拳的真諦。

　　常言道，「多練能生巧」，「苦學入靈境」，要想真正達到懂勁，除了名師的指點，還需與對方切磋，但最主要的還是要靠自己多下工夫。

　　陳鑫在《太極拳論》中說：「由招熟而漸悟懂勁，由懂勁到階及神明。」這說明首先要練習招法，達到招熟能生巧以後，才能漸漸明白各種勁的運動規律，懂得了各種勁的運動規律，才能愈練愈精，從而達到運用自如的地步。

　　這說明招熟——懂勁——神明是三個階段，懂勁只是中級階段，只有達到神明階段後，無論是身體哪一個部位，一經與他人肌膚毫毛接觸，就敏銳地覺察對方勁路的來龍去脈，輕重虛實，剛柔順逆，直橫方圓，高低左右等變化，並沾著對方使之不能逃脫，在得機得勢的條件下順人之勢，化人之勁，借人之力，還力於人，使自己在運動中始終居於主動地位。演練者一定要循規蹈矩，不急不躁，

由招熟而懂勁，至於階及神明，那是窮畢生精力，
爐火純青，登峰造極之事了。

三、沾黏勁論

　　沾黏勁是陳式太極拳推手中最基本的勁別。其
勁主前進，是經過長期苦練纏絲功夫達到一定程度
後，在推手中的外在沾黏表現（所謂外在表現是指
由內形於外，達於肌膚毫毛的知感）。所以說練拳
是知己功夫，推手是知彼功夫，只有知彼知己，才
能百戰百勝。換言之，就是纏絲勁的沾黏相隨達到
使對方無法脫身的高精度功夫，就能百戰百勝。故
曰練拳是培養沾黏的基礎，推手是對沾黏功夫的檢
驗。

　　所謂「沾」，是在推手中如膠似漆地沾住對
方，即用纏絲勁纏住對方，使其不能逃脫，亦有主
進之意。所謂「黏」，即有撐逼、隨從之意，使其
不能脫身離去。

　　沾黏是以沾為主導的，不能沾，就不能黏，只
有沾勁由內形於外，並佈滿全身，在推手時才能緊
緊沾黏住對方，隨彼動而動，「捨己從人」，「彼
不動，己不動；彼微動，己先動」，後發先至，後
發制人，體現「動急則急應，動緩則緩隨」，沾黏

不離，周身才無破綻。只有黏住對方，推手時才能使對方無機可乘，無懈可擊，收到己順人背的效果。

沾黏勁對初學者來說是不易明白的，甚至練拳多年的人在實踐上也並非完全明白此勁。因初學者周身僵硬，筋骨、肌肉、關節都不鬆活，猶如木棍一根，即使久練者如無純厚功夫，也不能達到沾黏程度。只有在理論上弄明白道理，並在實踐上掌握具體方法之後，再多下工夫細心研練，才會漸懂此勁。始於手，然後而臂、而肩、而背直至周身，先有感覺而後有此勁生成。

有知感而漸生沾黏，有沾黏而再下一番工夫可產生吸感。故與人推手時，搭手即可知對方沾黏圓圈面積和化勁功夫的高低。瞬間即有勝敗定論，這才是高級階段。但具有一般功夫的人是不易做到這一點的，必須透過名師指點，加上自己多下工夫苦練，方可逐漸掌握，由不知而漸知，由生疏而漸熟，由熟而巧而精。

四、連隨勁論

「連隨」離不開「沾黏」。連隨是在沾黏的基礎上緊緊順隨著對方，使之不能擺脫。「沾、黏、

連、隨」四字相互依存，缺一不可，只有在沾黏的基礎上做好連隨不斷，才能天衣無縫，與人交手時使對方無隙可乘，然後可隨時引進落空，化空打人，得機制敵。

連建立在「沾」的基礎上，只有沾住對方，才能連，否則如沾不住對方，讓其滑脫走化，就談不上連。

「連」是不斷之意，在推手中緊緊連著對方，不丟不頂，動急則急應，動緩則緩隨，使敵無法逃脫走化。這就是將己動有意識地與彼動相互連接在一起，此起彼伏，此伏彼起，連綿不斷，並借機探窺對方沾黏程度和勁別。

「隨」是建立在連的基礎上的，推手時如不能與對方連貫，如何能隨！隨是彼走我應、我順、我跟。在推手時隨從彼動，緩急相隨，進退相依，只要與對方搭手，就不能使其逃脫，無論對方如何企圖擺脫，都要緊緊順勢跟隨彼動，沾黏不離，不丟不頂，此時正是窺隙乘機戰勝對方的大好時機。

所以說，「連、隨」是誘敵陷入被動局面的手段，連與隨不可分割，無論行功練拳和推手，都要重視二者的結合。

初學者在推手時只能做到一般的連隨，那只是隨彼動的一面。

　　真正做到「連隨」住對方，使其不能逃脫或出手擊我，主要還是看自己周身上下內勁相連相隨如何，能否達到標準和預期目的。拳論曰：「上欲動而下自隨之，下欲動而上自領之，上下動而中部應之，中部動而上下和之，內外相隨，前後相依，能一氣貫通者，其活為貴。」總而言之，這裡說的是自我連隨，周身一家。只有做到自身主觀上的自我連隨，周身一家，才能做到與敵交手中的客觀連隨，順隨敵勁，連綿不斷。

五、引化勁論

　　「引」，即牽引之意也，是在推手或散手搏擊運動中引動彼勁，是有意誘敵深入。引勁實為引化勁，無引則不能化，不化則無所謂引，所以引與化二者是相輔相成的，都是建立在沾、黏的基礎上，將對方的勁納入自己的軌道上來，使敵千鈞之力化為烏有，我在引進落空的基礎上同時發勁，即化即打，從而取勝。

　　引化應做到不丟不頂，隨著對彼勁變化的感知，自己無論前進、後退、向左、向右、向上、向下，無形無跡，捨己從人，順隨彼勁，沾黏連隨，使彼勁陷入被動局面，然後用肩、肘、胯、膝、

手、足，或拿、或打，任我發落，此時彼即落空失勢。

陳鑫曰「引進落空合擊出」，這是講在運動中如何將彼引化到落空而發揮不出威力的境地，而我在引化過程中勁已合好，蓄而待發，隨時都可以從任何角度、方位，恰到好處地彈抖出來。

例如：對方雙手按住我右臂，我即走下弧線順纏，漸而向上引，將其勁化空，在引的過程中，身則下蹲，繼而右腳插入彼襠，背先內旋而後向外擊之。

這樣的引化技擊方法甚多，演練時可根據招式變化，練習單式，反覆練習，認真揣摩，熟透於心，嫻悉於手，才能接敵交手，出手即太極，一運一方圓。神鬼莫測，變化多端，四兩撥千斤，人不知我，我獨知人，所向無敵。

陳長興云，「滾拴搭掃，閃驚取巧，聲東擊西」，都不外乎誘敵落空，化勁制敵。但凡交手引勁時，勁必須合好。

陳鑫曰「蓄勁如開弓，出勁如放箭」，這就是說，發人要想乾脆俐落，那麼蓄勁的弓拉得越滿，勁引得越空，化得越淨，箭就放得愈遠愈有力。

在練習推手和散手時，先學習引、化、蓄之勁，漸而才能達到蓄發相兼的更高境界。

六、拿勁論

　　所謂拿勁，就是用手拿住對方臂、肘、腕、指關節處，使之進入死角，不能轉動關節而有筋斷骨折之感，痛徹肺腑骨髓，因而被制服，此為拿勁，也可以叫作「拿法」。雖各門各派對此都有各自獨到的研究，但太極拳對此研究得更為精細。無須大身法及反關節去拿對方，只需略使小巧合力，彼即受制，此為拿合兼用。

　　只有拿與抓、摔、化、打並用，才能較為全面地發揮太極武術的神威。所以「拿」在推手中的運用也是十分重要的，決不可等閒視之。如在推手中忽視拿法，就等於削弱了太極拳的技擊功能。

　　在推手中，沾、黏、連、隨、抓、拿、摔、化是打的先決條件，都是圍繞「打」為目的的。俗話說「凡拿必打，欲打先拿」，就是這個道理。只有各種手段兼施並用，才能在推手時使對方陷於被動局面，擊打才能達到預期目的。故曰「拿」是「打」的前提。

　　只有運用靈巧的手法將對方拿住，使其不能逃脫與走化，「打」才能不假思索，左右逢源。在應用拿法時，出手要輕靈活巧，使對方在不知不覺中

被擒，才算《孫子兵法》所說的「善之善者」。

　　所謂輕靈活巧是指在欲拿時手上不可持力，接纏彼手應輕靈隨順，待敵覺察，已由輕變重，不能走化逃脫了。

　　拿法應順逆交替應用，只有根據對方的變化靈活掌握，隨機應變，才能奏效。如果出手時未能輕靈，彼知我勁後則逃之，我應在彼逃之時迎上再向彼靠攏，在彼手將要抽走時，急速復拿也還可以成功。這些補救措施，仍不外乎沾、黏、連、隨和手法上的輕靈巧變，對此切不可忽視。

　　在拿法的使用上，還必須注意周身放鬆下沉與拿法相配合，千萬不能因使用拿法使氣往上浮，腳下拔根。氣若上浮，根基自然不穩，重心不穩則自身難保，何以拿人？

　　所以，欲拿人時，周身關節非處處放鬆不可。若能放鬆，胸即自然含合，兩肋也自然下束，並與襠扣肩合，周身上下處處皆能呼應。

　　說鬆周身上下無有不鬆，說合四肢百骸無處不合，這樣才能做到一靜周身上下無有不靜，一動全身上下隨之俱動。

　　說拿內外合一，由輕轉重，力點清晰，猶如子彈出膛，螺旋直進，手無虛發，一拿即中。

　　拿與採應相合。拿、採的範圍一般應是兩臂、

胸前、腹部、肩三角肌凸凹處和兩肋處等。這些部位一般在對方用掌向前按時和被拿時向前擠進。彼如能向前擠進，則是由於我在拿時前掤勁不足之故。雖彼向前擠進，我照樣拿之，我由拿變将，先將彼擠勁引空，我左手纏繞住彼右臂，同時，雙手蓋於對方右手腕部，急速與胸二勁合一，拿採並用，在勁力上可比單純拿勁增加一倍之多，故一拿彼必被降服。

　　拿法的種類甚多，無論是手與胸拿，手與肋拿，手與腹拿，手與腿拿，雙手合拿等，都須運用適當，切不可在練拿法時輕易傷人。

　　特別是初學者，對拿法的速度、輕重、手法、角度的掌握均無分寸，更覺察不準對方關節處所承受的力量大小，所以出手時就容易出現傷害事故。這是演練者雙方在相互對練中一個很值得注意的十分重要的問題。歌訣曰：

　　　　初拿不可太魯莽，由生到熟記心上。
　　　　合襠實腹須含胸，束肋扣肩隨腰動。
　　　　拿閉兼施聽勁路，欲拿周身節節鬆。
　　　　合勁力點須清晰，靈活機巧全在功。

七、開合勁論

所謂開，是伸放開展之意；所謂合，是引、蓄、化、屈、收之意。

所謂開合，即太極拳中的一陰一陽、一剛一柔、一蓄一發的概稱。

開與合是對立的，又是統一的，是相輔相成的。如欲開必先合，有合則才能開。開與合概括了太極勁這個統一體中的兩個方面。

開合勁是引發雙重之意，它無論在練習套路、推手、散打中處處皆用，因為套路和推手，一動周身各部位都處在一開一合之中，所以對開合要有足夠的認識。

陳鑫曰：「動靜循環，豈有向哉！吾所謂一動一靜，一開一合，足盡拳中之妙。」「一開一合妙無微，上下四旁成化機。縱有六子俱巧舌，也難描繪雪花飛。」「一開一合，變化無常，虛實兼備，忽現忽藏」的過程，都是形容周身開合的精論。而且有很多哲理存在其中，用無論多麼巧妙的語言描述，也難以窮盡奧妙，真可謂只可意會不可言傳。故陳鑫用「縱然六子俱巧舌，也難描繪雪花飛」來概括，其含義是何等的深刻啊！

即使是歷代的聖哲和語言大師，如孔子、孟子、老子、莊子等，他們也難用語言表達和描述太極拳開合中的微妙和美景。只有自己狠下工夫練習，在實踐中去仔細體會方可明白。

開合首先是建立在合的基礎上。欲開必須先合，只有合得好，才能開得有力，並迅猛透徹。合得不好，則開得無力、生硬，速度也不快。故未開非先合好不行。

合，不是單純的上肢曲縮，是心、意、氣、形、神一起合住。心意一合，四肢百骸，肌肉、精神無一處不合。猶如捲炮一樣，炮捲得愈緊，爆炸時聲音越大，這和發勁是一個道理。勁蓄（合）得好，發勁時就自然、剛猛、迅速、有力。

發勁時要注意，心是主導，是統率，心意一開，周身上下無不俱開，這樣才能心到意至，意往形催，氣隨勁達，發勁擊敵才能落點清晰，無堅不摧。只有以意統率走架及推手中的開合之勁，才能周身之氣無所不達，並且英氣浩然。

開勁，勁先由腳跟而起，腳在蹬地時，五趾和腳掌要抓住地，腳後跟隨之用力，使腳心橋空，腳心湧泉穴要虛，這樣在蹬地向上沖時，才能藉助大地的反彈力，發勁才能威力無比，下盤穩固，動作才能天機靈應。

　　發勁後則周身恢復鬆柔穩固狀態。發勁時腳內側為主為實，外側為副為虛，繼而內勁上行於腿，貫於腰，然後達於梢節。

　　發開勁時，要在適宜範圍內，因開勁是周身之勁，剛猛迅速，節奏短促，打擊目標距離不宜太遠。遠則非但不能及敵之身，反而自我落空失勢，致敵乘我之隙，擊我之虛。為了使合勁有圓活緊湊，引進落空之效，合勁時須沉肩墜肘，含胸塌腰，氣貼脊背，發勁是一呼一吸一瞬間，切莫遲疑蛀滯，滯則氣柔勁散，發擊無力。

八、發勁論

　　發勁和抖勁的關係是一個概念中大概念和小概念的關係。發勁包括長勁和短勁，抖勁只是短勁，又稱寸勁。它們都是在周身鬆沉蓄勁後產生的爆發勁。發勁、彈抖勁均起於腳跟，行於腿，主宰於腰，達於四梢。

　　發勁是經過長期練拳和推手實踐練出來的一種靈活集中、運用自如的彈性勁。要練出這樣的彈性勁，不僅要注意到周身肌肉鬆弛與收縮的鍛鍊，而且更要重視感覺靈敏和反應速度訓練，同時十分強調運用正確的技術，合理發揮肌肉的力量。

　　所謂「用意不用力」，這裡是指不用緊張的僵力、笨力和呆力。在練習推手時，必須明辨內力和外力的作用，揣摩和研究它們之間的相互關係。人們的外力，主要是重力。重力是地心引力，人的體重是由於地球的吸引力而使身體受到的力。此外，還有支撐力及反作用力、摩擦力、慣性力、螺旋力、直力、橫力等。

　　推手時對方所進之力屬外力，如果自己的引化勁達不到隨心所欲的程度，那麼你就無法走化、利用、分解和消化外力。此時彼此雙方的外力都相互影響著各自的內勁，並在內力合勁相爭的情況下，勝負取決於各自的內勁大小、靈敏度以及發揮的好壞。否則，即使取勝，把對方擊倒，也相當勉強，只是拖泥帶水而已，難以達到斬釘截鐵的剛、猛、冷、脆，一哼一哈，內勁抖發而勝負立判。

　　這與平時培養先天元氣，周身氣勁浩然流行是有密切關係的。只有平時多下工夫，內勁充實，在發勁時雙足抓地，借用大地的反彈力，五臟六腑，四肢百骸合為一家，勁專注一方，與人交手時彈抖發勁才能如摧枯拉朽，勢不可擋，決無拖泥帶水現象。

　　化、蓄是發勁的前提，所謂化、蓄是欲擊人之意，擊人不化而發勁生硬，化而不蓄則發勁無力，

故三者緊密關聯，缺一不可。

化與蓄是相輔相成的，化中含蓄，蓄中有發，方可化、蓄、發一條龍。但發勁一定練得非常熟練、靈活、協調，經常在周身放長的情況下，練習長勁和彈抖的短勁。

如：在打上挑肘時，身體要形成上下對拉之勢，前面以肚臍，背以命門為界限，在發肘的一側，肚臍命門以下氣向下行，肚臍命門以上氣則上行，另一側氣向下行，為發擊一側發揮好輔助作用。只有這樣，發勁時才能保持下盤穩固和發擊力點清晰、準確，發勁才能迅猛疾速。只有把握好發勁的關鍵，才能在一吸一呼、一開一合的瞬間，達到向預期目標發勁之目的。

長勁雖然迅疾猛烈，但其屬「三陰七陽尤覺硬」和「四陰六陽類好手」的過渡階段，雖發擊勇猛逼人，卻不可取。這也是由中級向高級階段過渡的必經之路。

所以說，沒有遠打一丈，就沒有近打一寸。這遠打一丈，讓人觀之也可算得高藝，但發擊時生猛激烈，是以迅猛疾速取人，並非十分乾淨俐落，故曰此功夫只是向高級階段彈抖寸勁的過渡。

在以上水準的基礎上，再刻苦研練，方可邁入高層次境界。那時發擊全在用心意巧發，心意一

動，自然彈抖，周身協調一致，上下形成一個合勁，處處皆是自然反應。如果發擊對方，只要彈抖一震，就能以迅雷不及掩耳之勢，使對方騰跳躲避不及，飛擲而出，此則為玄妙的上乘功夫。

初學者可根據發勁的要點及要求，由大圈而中圈，由中圈而小圈，再由小圈到圓點，由慢而快，由快而速，由速到疾，直至自然反射彈抖。循序研練，探討攀登，逐步登堂入室，爐火純青，登峰造極，進入化境。

九、提勁論

所謂提，即用螺旋勁向上提拔之意。在沾、黏、連、隨的基礎上，以螺旋纏勁將對方重心掀起，使彼拔根失重，為我所制。

提勁須與驚彈勁兼施並用，方能克敵制勝。用提勁時，步法須輕靈，以不易被對方察覺為妙。若對方知我勁，欲逃脫，就不易使用提勁，否則勉強提勁則有失控之危。

著名太極拳家陳長興曰：「上攏下提君須記，閃驚巧取有誰知。」這句話說明在推手時無論用何招法，在使用招法之前，都不能讓對方對我勁有任何覺察。上步出手要輕靈，隨彼動而動，然後隨彼

動而引之變招，待彼欲有覺察時，重心已被掀起、傾斜，無法挽回。這樣才能達到上攏下提、閃驚巧取之目的。

提勁是腿、腰、臂三勁合一同時上提的，在上腿時，另一腿一定要穩固好重心，將出之腿才能輕靈地向前邁出，插於對方一腿內側，閃驚螺旋向外上提，在欲提時先破壞對方重心，然後小臂隨腰同時螺旋上提（破壞對方重心是在閃驚的同時完成的）。此時彼如不失重心，上部一臂已被我掀起，身拔助長，彼已完全處於失控之勢，我再急速改變勁路，向下捋加採，使其傾撲於地。總之，要想使用提法，須得周身上下一致，出其不意，乘其不備，腿腰並進，手腳齊發，螺旋上提。

但在運用時必須注意頂勁領起，心神凝聚，目視神往，丹田翻轉，氣貼脊背，輕鬆提搭，閃電出擊，穩準冷脆。還應注意我守我疆，莫要失界。勝敗無謂，不可失勢。藝高膽大，勇敢善戰，順者隨從，逆者折之。

出手猶如蛟龍騰空，投足定叫神鬼震驚，與人交手有正無偏，滾、拴、搭、掃隨機應變，或捲或提，或進或退，眼觀六路，耳聽八方，出手神速，先占地利。如此方能使敵如履球上，動輒失重，動輒拔根，動輒顛撲。

　　初學者可根據基本原則循序漸進，不可開始學習就打人，要多下工夫演練，功到自然成。

十、纏絲勁論

　　太極拳纏絲勁，是呈螺旋形，始於內、形於外的一種勁別。螺旋勁始於內而形於外，然後達於肌膚毫毛之上。

　　此勁是因平時練習太極拳皆以螺旋纏絲旋轉為核心所得到的。始而不覺，久而漸現，其勁始於腳、行於腿，通脊背，越兩小臂達於梢節。日復一日，年復一年，久之則能形成自然規律，舉手投足無須再加思考，則自然能隨心所欲，漸階神明。

　　故與人交手時，此勁能自然行於肌膚毫毛之上，順而引之，逆而擊之，敵來化之，即化即打，純是心起勁達，而不知身之為己，己之為身，不知威力從何而來。如明白此勁，並轉化為實際能力，非下很大工夫不可。必須在實踐中不斷地揣摩、體會，才能漸而知之。

　　纏絲勁的類別有內纏、外纏、上纏、下纏、左纏、右纏、大纏、小纏、順纏、逆纏、進纏、退纏、正纏、側纏、平纏、立纏，百般纏繞，環環相扣，端端互生。總之，是以中氣貫於其間。而引即

是進，進即是引，此皆是陰陽循環、正反轉化的道理。

　　纏絲勁是周身上下內外一動皆以螺旋形旋轉，始發於內、後形於外的內勁。此勁既不可太柔，也不可太剛。過柔，則不適應於交手作戰，純屬軟手，軟手則不能接物應敵；過剛，則轉動不靈，死板呆滯，不能隨機應變，徒受敵制。

　　所以，應擇其中而已，即剛柔相濟，虛實相兼。其周身規矩，頂勁領起，脖項自然懸直，腰勁下塌，平心靜氣，兩腿虛實分明，周身開中寓合，合中寓開，支撐八面。

　　行功練拳，靜若處女，注內不注外，切不可外帶張狂之氣。表面觀之應是一片悠閒神情，大雅風範。

　　至於接手應變如何，權衡皆本於心，拳來順應自然，進退、緩急、輕重，則隨機應變，本著太極陰陽對稱，不偏不倚之理，一開一合自有妙用，何須再論招勢。

　　纏絲勁表現在太極拳套路演練中的形象，是一個立體空間螺旋形（亦稱弧形）纏絲運動路線圖。若從單招看來，因中間有間斷，似乎不算複雜；若從太極起勢到太極收勢的完整路線圖來看，那是無始無終，無端無倪，相互穿插，相互交錯，如絲

縷，如雲煙，嫋嫋娜娜，氤氤氳氳，儀態萬千，千象共生。

　　這個惟妙惟肖的立體空間螺旋纏絲路線圖，太和元氣纏絲勁貫穿其始終並鼓盪不已，如兵家的天門陣、八陣圖，撲朔迷離，這才是真正的太極圖。

　　我們通常所見到的用陰陽二魚所表達的太極圖，只不過是古人對太極陰陽相等、對立統一、陰陽互依、陰中有陽、陽中有陰的太極哲理的抽象理性概括罷了。這個立體空間螺旋纏絲路線圖，才真正提示和表達了纏絲勁的奧妙。

第三章

單式訓練法

一、單式訓練簡介

單式訓練是練習好技擊實用功夫的必修課。常言道「一路養氣，二路爆發」，也就是說練一路拳時經由長期的鬆柔演練，達到養中氣、鼓盪於皮的目的，但有欠速缺剛之病，演練二路拳是為了彌補一路拳的不足。

單式訓練可以有效地強化二路拳乃至整個太極拳訓練中的剛猛之勁，提高實戰技巧。掤、捋、擠、按、採、挒、肘、靠、踢、打、摔、化、拿，皆需單式演練，為太極拳推手訓練打下基礎。

單式訓練開始之前，演練者要有一定的拳術基礎，注意周身節節放鬆。演練者由初級階段過渡到中級階段、高級階段必須經過單式訓練這個刻苦訓練長功夫的重要過程。

常人皆知，練拳是在套路的特殊要求條件下，

勁達四梢，氣佈周身，過三關，通三田，達湧泉。繼而做到身法活便，手腳靈敏，步法輕捷。交手是實戰功夫的一種表現，必須練好進、退、閃、戰、發擊，做到變化無窮，使彼捉摸不著我勁，手足無措，以迅雷不及掩耳之勢取勝為妙。

　　欲達到這樣的微妙程度，不練習單式是不行的，即需把各個動作及周身的各個擊發關鍵部位抽出來反覆練習，反覆實踐，從中體會和掌握各式的妙用及要領，在交手時才不易犯丟頂之病，達到不假思索，運用自如，才能在意念的指導下，充分體現出功與力的自然反應。

　　歷代著名拳師（無論是內外家）都有自己的獨到之處和獨特技擊之處，他們的獨特技擊之長都是從千錘百煉之中反覆實踐總結出來的經驗。

　　如山東李半天之腿、鷹爪王之拿、千跌張之跌，以及八卦掌董海川的半步崩打天下。陳發科搭手便知彼我，哈哈一笑勝負分曉。陳照奎驚閃、反彈運用圈極小，擒拿勁路無處不巧。陳照丕善用滾、拴、搭、掃，交手時使敵如立頑石，使彼不由自主地東搖西晃，一肘擊之，彼離地數尺，或跌桌下，或跌旮旯，次次有正無偏，不痛不癢，自感神妙。馮志強穩重捷樁，鬆活彈抖，威力浩蕩，隨勢飛揚，無處不強。

以上古今名家，各有其長，這些獨到之處都是血汗和苦練的結晶，也是重視單式訓練的結果。

古人云：「拳打萬遍，神理自現」「千遍萬遍多多練，功到熟時巧自生」「練啥有啥，不練沒啥」。這就明確指出，平時勤奮，或肩、或靠、或肘、或手、或腿、或胯必須遵循規矩，經由反覆實踐、演練，練到純熟時才能順其自然。否則，捨本逐末，積重難返，笨手笨腳，沒有速度，不能完整一氣，不能接手應物，更談不上擊人。故練習單式對演練者是十分重要的。

演練者可根據下面介紹的周身各個單式訓練法，逐式認真刻苦演練，久之定能收到明顯效果。

二、腳的訓練方法

腳的練習方法有左右循環、前踢腳、平踢腳、上踢腳、下踩腳、前蹬腳、側踹腳、上擺腳、後掛腳、下擺腳等。

【動作】左腳輕微抵地，屈膝下蹲，含胸、收腹、頂勁領起，另一條腿鬆胯，屈膝上提，眼視前方（圖3-1）。

著重介紹前踢腳、平踢腳、上踢腳、下踩腳、前蹬腳、側踹腳、上擺腳、後掛腳、下擺腳等。

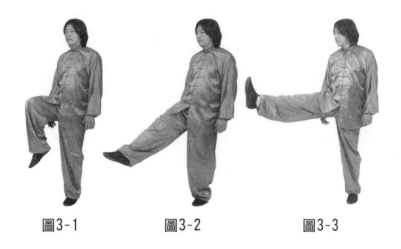

圖3-1　　　　　圖3-2　　　　　圖3-3

（一）前踢腳

前踢腳是用腳尖向正前方踢出，但也包含著左右側踢，宜低不宜高。前踢時另一條腿微屈膝下蹲，五趾抓地，穩固好重心，這一條腿才能順利地向前踢出。前踢時胸微含，小腹略內收，周身有蓄合之意，但前踢時腳面還需繃展，注意適可而止。

腿宜鬆不宜緊，勁力才能順利地達到腳尖所需處（圖3-2）。初練時宜慢不宜快，最後達到意、氣、形三者合一，迅猛無比，勁力完整一氣，力點清晰。

【注意】這種用法主要用於腳尖和腳掌兩側（前踢含有側踢之意，圖3-3）。

圖3-4　　　　　　　　　圖3-5

（二）平踢腳

　　平踢腳的要領和前踢腳基本相同，只是踢出的腳高些，最好指向對方的陰部及小腹，可左右輪換前踢，在具體演練時要注重效果，兩腿替換，一高一低。如右腿前踢，待落地時，左腳繼而上踢，這樣左右循環練習方為合適。

　　但應注意，平踢落地時有踢蹦之妙用（力點在腳面或腳尖，圖3-4、圖3-5）。

（三）上踢腳

　　上踢腳的位置較高，它的指向一般是下頦部位。上踢時周身必須保持平衡中正，腳在上起時輕靈，速度要快。只有快、猛才能做到起腳俐落，力

圖3-6　　　　　　　　　　圖3-7

點清晰（圖3-6）。

　　應注意，腳在上起時，上踢可與手合拍。這和套路中的「二起腳」相同，只是不跳躍而已，左右替換，一上一下（圖3-7）。

（四）下踩腳

　　所謂下踩腳，是用腳底向下直踩之意。下踩腳的具體訓練方法是：

　　其一，兩腳站立與肩同寬，如重心走下弧線移於左腿，此時左腿微屈，腳五趾輕輕抓地。然後右膝漸而提起（圖3-8），在提膝時應注意含胸、收腹、塌腰，左腿才能穩固好獨立步。繼而右腳向下直踩，寬度和原來提起時相同。下踩時右拳與左腕相合，置於胸前，腳五趾抓地，湧泉要空，勁宜速

圖3-8　　　　　　　圖3-9　　　　　　圖3-10

宜猛。但右腳在下踩時，重心不能完全移於右腿，做到「左重則左虛，右重則右渺」。

　　其二，上步下踩腳，無論哪一條腿先前上，另一條腿緊跟前上，疾速下踩，要點同前，左右輪換皆同（圖3-9）。

（五）前蹬腳

　　用腳掌向前直蹬，為前蹬腳。在單式練習時，左右循環上步，連續出腳（圖3-10）。

　　至於高度，一般來講是指對方胸腹部位。蹬的遠近，可根據本人自身條件而定。最好是以自己的腿伸出能及對方，然後自動彈收25°比較適宜。著力點以腳後跟為主，腳掌為輔。

　　切記前蹬時身體保持中正，不可過於後仰，否

圖3-11　　　　　　　　圖3-12

則有失重之危。出腳前要求做到含胸、束肋，小腹略內收，蹬腳後要舒胸、鬆腹，蹬腳才能做到快、猛、脆。始而勉強，久而自然。應用時的遠近尺度，只要功夫下到，便可掌握，在平時練習之中，無須多慮（圖3-11）。

（六）側踹腳

側踹腳的指向可歸為二種：一種是內踹（圖3-12），另一種是外踹（圖3-13）。

內踹腳的方位是所出的一腳內側斜前上踹，著力點以腳內側為主，外側

圖3-13

為輔。外踹腳的方位是所出的一腳向前外上側踹，著力點以腳外側為主，內側為輔。左右側踹時腿的彎曲度為25°左右。至於身法，在側踹時略後仰，並把身體後仰與踹腳有機地結合起來，使身體後仰與側踹形成對拉之勢，才能保持下盤穩固，達到曲中求直之目的。此所謂曲中有直，直中有仰，一木獨立穩千斤。方法是周身先蓄而後開。《拳論》云「蓄勁如開弓，發勁如放箭」，這就是比喻勁蓄得好，踹出的腳才能疾速有力。

（七）上擺腳

在一腳欲上擺之前，兩腳的位置是一前一後，欲擺腿在後，另一腿在前，要屈膝微下蹲，五趾抓地，將周身肌肉鬆弛下來。內氣下降，然後形成欲攻待發之勢，眼睛斜視欲擺腿的一側。然後出腳先向前上快速踢起，繼而在空中改變方向，向身後側扇形外擺（圖3-14）。

在外擺時，待腳行到肩前上方時與雙手構成合勁合拍，此二勁合為一股勁，決不可視為二，拍擊才能完整一氣。擺

圖3-14

圖3-15

腳的方法，是先蓄而後起，欲擺時步法是跟步，步形是點腳。

演練者可根據步法、步形進行反覆練習。也就是把腳跟變成活步，上一步再跟一步。只有先把步法練靈活，對距離較遠之敵，才能接近其身體，用時才能更加方便靈活。演練者要細心體會。出腳的高度，應與自己的頭平，因指向是對方腦後，也就是腳在上擺時擊打的是對方的腦後，雙手擊打的是對方的面部。要把手腳二勁歸為一合勁。

擺腳的要點：在上踢時速度要猛，趁著右腳前上踢的慣性身體左旋，繼而右腳才能順利地向右擺出，與雙手在空中做到默契配合。正所謂：一合一開腳上踢，先捋後拍腦後擊，空中改為扇形腿，頓時滿天血橫飛（圖3-15）。

（八）後掛腳

後掛腳在活步推手中應用較多。它是將欲後掛一腳先點於另一腳前側（圖3-16），身體則向欲擺腳一側略轉，身體下蹲蓄而待發。雙手向欲掛腳一

側身後擺出，雙掌心向外，意味著雙手拐著對方一臂於身後，欲上腿再次成偷步前上，腳掌著地即向身體後斜後掛出，同時雙手協助腳的後掛一齊蓋向對方胸前，與腳合成一勁。腳向對方腿肚處突然向後掛出，使對方失去重心，同時雙手正好發擊於對方胸部，一舉將對方擊倒。

圖3-16

　　應注意的是這個動作是在腰脊的帶動下來完成的。速度須快、猛，在1秒內完成拐、掛、蓋的整個動作，否則成了頂勁，反而遭殃。總之，後掛腳在單式演練時步法要機動靈活，視彼的遠近，可直上腳後掛，也可先上另一腳靠近對方時，再跟步前上然後掛。無論如何運用，切記上攏下提與偷步要默契配合，只有明其跌法，使彼在不知不覺中受制，而又不明其原因，才為運用後掛腳的奧妙之。正所謂：一引一進蓄合擊，上攏下擺偷步上，扭腰旋背把勁發，腿起臉仰躺地上（圖3-17）。

（九）下擺腳

　　前上一腳，重心前移，用前腳掌兩側一裡一

圖3-17　　　　　圖3-18　　　　　圖3-19

外，左右循環，反覆練習。

　　一般來講，在腳外擺時腳是不能離開地面的，只是重心略向腳後跟移動，使欲擺的前腳掌負荷變輕，左右擺動，達到靈活為目的。在步型上一般為前弓步，在重心分佈上，由於前後移動的角度不一樣，有時還需加上用法，所以不能千篇一律。大體上可分為四六、三七、二八分成。

　　演練者應注意，在腳前掌裡外擺動時，勁宜短不宜長，短則急速有力，驚移對方重心比較明顯，長則無力散亂。

　　此勁多用於下驚、上取、外捌裡合為一勁。正所謂：下驚上帶移重心，腳腰手臂合一起，腳逆身順二股份，發擊鬼神驚三分（圖3-18、圖3-19）。

三、腿的訓練方法

腿的訓練方法有順纏腿、逆纏腿、裡合腿、外擺腿、下採腿、撞膝腿、後擺腿。

（一）順纏腿

兩腳平踏與肩同寬，繼而左腳向左跨半步，重心移至左腿，身體下蹲，先出右腳（圖 3-20），由左向右劃圓。注意腳離地面最高不得超過15公分，以腳尖落地，與肩同寬（圖 3-21）。

稍加停頓，繼而斜右外上步約40公分，在劃圓時腿要放鬆，以腳後跟為順纏著力點，旋轉時才能便利從心。待右腿落地後，重心右移，在重心右移的同時，左腳向左外出腳，繼而不停地由左向右

圖3-20

圖3-21

劃圓，落腳點地，上步皆同右腿。然後腳再前上連續循環，雙腿順纏前上反覆練習。

【注意】在雙腳連續循環前上時，眼睛要隨著左右腿斜視側前方。這也和練拳一樣，用意不用力，始而慢，久而自然變快。

（二）逆纏腿

提左腳向左側跨步，右腳跟步點腳，寬度同順纏（圖3-22）。右腳由右外向前，再向左旋轉360°變點腳，與肩同寬（圖3-23），繼而向右前外上步40公分，然後踏地，重心右移。在移重心的同時，左腳提起由右向左外旋轉360°，繼而向左外前上步約40公分，漸而踏平，左右循環前上。反覆練習，注意著力點在腳後跟內側。

圖3-22　　　　　　　　圖3-23

腿法的順逆練習方法較多，要求機動靈活，視對方遠近而練習。如單腿直進練法，跳躍左右練法，左逆右順或左順右逆練習，或右腿順纏右外踹，右腿逆纏左側踹，等等。但左腿正好反之，左腿逆纏左外踹，左腿順纏右側踹。總之，各種腿法都必須明辨清楚，只有反覆交叉演練，才能全面地掌握好腿法的技能。

（三）裡合腿

立正姿勢站立，漸而重心左移，右腳向前邁出（圖3-24）。一般來講，裡合腿多用於前弓步和半弓步，以膝蓋內側向裡擺擊為裡合腿。

在練習裡合腿時，重心由後向前移，待移至九成時，開始擺擊（圖3-25）。

圖3-24　　　　　　　圖3-25

【注意】腿在裡合時要和扭腰旋背相結合，做到左腳蹬地前催，膝內擺，扭腰旋背成為一體。裡合腿多運用於活步推手中的右腿，順步推手時（上下步）多用左腿。在演練時應左右循環，不停地練習。

（四）外擺腿

外擺腿是建立在前弓步基礎上的，同樣是在欲擺時重心向前移至九成時，突然外擺。但是在運用外擺腿時要注意，欲擺前無論是兩臂或雙腿，都無須過於用力，否則對方察覺後則逃之。

最完美的方法是在運動中尋機應用跌法。外擺腿多用於活步大将之中。在單練時反覆練習，推手中反覆實踐，漸而領悟其一動百骸皆隨的技擊內涵。若不求甚解，終日苦練也難成大器（圖3-26）。

演練外擺腿，可左右腳連續前上，先做外擺繼而裡合。也可連續做3～4次外擺，然後再連續裡合。在演練中自感勁力順達後再更換另一條腿，如此收效會更好（圖3-27）。

圖3-26

圖3-27　　　　　　　　圖3-28

（五）下採腿

下採腿有左右、逆順之分，無論是逆採或順採都是建立在前弓步之上的。如欲採之前重心控制在後腿，漸而前移，在前移時腿先由裡向外逆纏旋轉約180°下採，反之由外向裡順纏下採。在做下採的動作時，腳踝要放鬆，周身氣往下降，下採的位置是對方　骨內側中上端，漸而達外側。至於下採膝彎的角度，超過腳尖約45°為宜。不可太過，過則失重。

在單式演練中可左右上步循環練習。在練習中反覆體會勁力（注意：下採時若逆採，腳尖略外擺，若順採腳尖略裡勾，做到下採時伸中有屈，屈中有伸，螺旋前進，又可直入，圖3-28）。

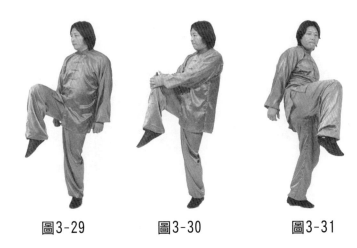

圖3-29　　　　　圖3-30　　　　　圖3-31

（六）撞膝腿

撞膝腿可分左右撞、直撞、裡合撞、外合撞四種。無論是直撞、裡撞、外撞，都是重心由後向前移，如左腳先前一步，右腿隨之屈膝向前對準彼襠內直撞（圖3-29）。

在前撞時含胸、收腹與撞膝配合好，但應注意在提膝上撞時，一定把胯和腳踝鬆好，這樣在含胸收腹的配合下，力點定能聚集到所需位置。

在練習中為了使目標明確，每次提膝時兩手疊蓋，給提膝做好輔助工作。也就是提膝直撞掌心（圖3-30）。

裡合撞在重心前移時，屈膝斜向左側上撞，擊對方右腿內側，或左腿外側（圖3-31）。

圖3-32　　　　　　　　圖3-33

以一腿屈膝直斜向外上撞為外撞。練習要點同前（圖3-32）。

（七）後擺腿

後擺腿的單式練習是大身法，一腿由前向後斜上擺出，或腳離地較低向後斜擺。練習的方法是右腳前上，以腳尖點地，然後在腰脊的協同下向後擺出。

【注意】在一腿前上欲要後擺時，意念中無人當有人，雙手捋住彼一臂，在腿後擺時，雙手在腰脊的帶動下一齊向彼發擊。這樣下驚上擊，對方被驚擊倒地。要點與前相同，皆是周身之勁（圖3-33）。

四、拳的訓練方法

拳的練習方法分上衝拳、下栽拳、雙分拳、下砸拳、單臂直衝拳、抱空拳、釘子點穴拳、雙釘貫陽拳。

（一）上衝拳

無論左右拳向前弧線上衝，皆為上衝拳。如：先上左腿，身體下蹲，重心由右向左腿移，繼而右拳隨右腿前上，弧線向前上發裡鉤拳（圖3-34）。

高度不要超過頭頂，在右拳上衝時，右腿也隨之屈膝上撞彼陰部。但應注意衝拳撞膝要同時到位。上撞時要與含胸、塌腰、鬆腹、提肛相配合，同時做到左腿微屈，五趾抓地。這樣在左右反覆演練中，才能穩固好自己的重心，力點才能清晰準確（圖3-35）。

（二）下栽拳

以拳頂直下或斜下發擊為栽拳。如右腳前上，重心由右向左移動的同時，右手四指蜷曲，拇指橫貼於四指中節，拳

圖3-34

圖3-35　　　　　　　　　圖3-36

不可太緊，也不可太鬆，適可而止。向身體前下發
為栽拳。在發右栽拳時，左臂也要做好相應的配
合，發背靠勁或後肘勁均可。

　　【注意】在演練時，發栽拳是周身內外相合，
一動百骸皆隨，方可運用自如（圖3-36）。

（三）雙分拳

　　雙分拳也可稱為雙
逬拳，左（或右）腿橫
側跨出半步，在跨步的
同時雙臂握拳從兩側向
上提起交叉，繼而下落
於胸前，雙拳心向下
（圖3-37）。然後向邁

圖3-37

圖3-38　　　　　　　　　　圖3-39

出腿方向移動重心，在移重心的同時，兩臂向兩側外發迸拳，雙拳心向上。

【發擊要領】待雙臂合於胸前時，身體略下蹲，襠膝微內扣，含胸，兩肩略內捲，發迸勁時襠、膝、胸、肩略外開，在移重心胸外開的一瞬間，雙拳從中間向兩側發勁，才能做到內外兼修，勁力順達（圖3-38）。

（四）下砸拳

無論是單拳下砸，還是雙拳下砸，練習要點皆同雙分拳要點，只是出手路線和發擊點有所不同。單拳練習法是，若右腳先向右側橫向跨半步，落腳時腳尖略外撇，右手握拳屈在左胸前，拳心向裡，左拳鬆沉在左腿外側蓄而待發（圖3-39）。

繼而左腳蹬地，重心右移，在右移的同時身體

圖3-40　　　　　　　　　圖3-41

向右旋轉，兩拳隨身體右轉時右拳以拳背向下砸，左拳屈腕上在周身各部位的有機配合下兩拳抖出，然後左腳橫跨蓋於右腳前，兩手右起左下到原來欲發之位。繼而提起右腳橫跨，在右腳落地時，兩拳再次右下左上發勁，連續進行，週而復始。左右演練皆同（圖3-40）。

　　雙手下砸拳同雙分拳，雙臂由兩側在胸前相交，繼而一腿橫向跨步，待移重心的同時，右拳經左向上，向身體右側下砸，左拳經右向上，向身體左側下砸。兩拳下砸時，同起同落，都以拳背下砸，眼視跨步一側（圖3-41）。

（五）單臂直衝拳

　　太極拳的直衝拳與外家拳有所不同。太極拳的直衝拳是在周身放鬆的條件下，以意念為主導，在

圖3-42　　　　　　　　　圖3-43

扭腰、旋背、螺旋纏絲的前提下向前抖出的。演練時如左腳前上，應左手立掌前伸，指尖上揚，右拳蓄於右肋處（圖3-42），然後右腳蹬地，扭腰、旋背、逆纏向前抖拳，力點達於拳頂。但在右拳向前衝時，左手做好配合，左臂內收向左後發肘勁。這樣左右對稱，能夠加速右拳的前衝速度。衝拳在太極拳中叫掩手肱拳。

　　左右循環兼練，逐步體會內外兼修的情趣。否則華而不實，外剛內空，即使衝出的拳呼呼帶風，也無濟於事，切莫忽視（圖3-43）。

（六）抱空拳

　　所謂抱空拳，是演練者在單式演練時，一臂內屈形似半月狀，另一臂出拳與掌心合勁擊之，同樣

　　　　　　　圖3-44　　　　　　　　　　圖3-45

形成半月勢，所以兩臂形似抱球形狀，反覆空運演練，故曰抱空拳。

　　抱空拳的演練方法：先上右腳，同時右拳蓄合於右肋處。繼而上左腳，左掌前伸（圖3-44），然後重心由後向前移，在移重心的同時左掌內帶，右拳前擊落於左掌心內。其運轉要點同直衝拳，所不同的是，抱空拳勁不形於外，拳只行至四成，以內氣催勁，勁宜短而不宜長，從外觀上看小巧靈活，卻內含堅剛。身法的大小可根據自己的身體條件而自行選定（圖3-45）。

（七）釘子點穴拳

　　所謂釘子拳，是五指蜷曲，中指中節向前突出，食指與無名指緊貼中指兩邊，拇指梢節裡側緊

圖3-46　　　　　　　　圖3-47

貼於中指梢節指甲蓋上，使中節在前擊時穩固堅硬，點擊清晰。釘子拳的點擊宜速、疾、猛，勁力宜短不宜長，此步法較小，靈活多變。左右上下皆可循環發擊（圖3-46）。

（八）雙釘貫陽拳

所謂雙釘拳是雙拳形成釘子拳之意，所謂貫陽是在演練中，有雙釘合擊彼太陽穴之意。

具體的演練方法：無論向前先出哪條腿，兩釘子拳從兩腿兩側向中間合之，兩拳相距25公分左右。此勁同樣是宜短不宜長，發擊時胸要內含。兩肩內捲，束肋氣聚下丹田（圖3-47）。

另一種演練方法：有一腿獨立，另一腿屈膝上撞與雙釘貫陽拳相配合，拳擊膝撞要求同時到位。

圖3-48　　　　　　　　圖3-49

演練者左右兩腿輪流前上，循環演練（圖3-48）。

五、掌的訓練方法

掌的練習方法有雙震掌、單掌、臂前推掌、單手托掌、左右連環按兩下掌、順逆托腰掌、單掌順逆纏法、雙帶掌、前穿掌。

（一）雙震掌

雙震掌有長短勁之分，開始先練長勁。兩腿無論哪條腿先前上均可，雙手豎立在胸前，雙掌心向前（圖3-49）。

隨著後腳蹬地，重心前移，兩掌同時向胸前推發。推掌時應舒胸、束肋，氣往下沉，氣下沉要和

圖3-50　　　　　　　圖3-51

推掌有機配合（圖3-50）。

【注意】欲前推要求身體中正，胸略內含，背略上拔為宜。短勁的練習，其步法和身法都與前相同，胸腹含蓄，猶如靈貓撲鼠之勢蓄而待發。

前發時氣突然下降，沉肩墜肘，坐腕揚指，前頓步向前發短勁，勁達雙掌根，雙臂形成半展狀態即可（圖3-51）。

（二）單　掌

有順步單手出掌、左右上步循環演練法。有上左腿出右掌向直前發掌和左側斜隅角發掌，又可上右腳出左手向左前發直推掌，繼而又可向右側斜隅角發斜推掌。

發掌有兩種：其一為長勁，其二為短勁。其發

圖3-52 圖3-53

勁要點和雙手前發有所不同，雙推掌是勁向前直頓發，單推掌是在扭腰、旋背的帶動下向正前或斜角推發的。發勁的威力大小、速度快慢、勁的長短、身法的大小皆可因人而宜，都是由慢而快，由快而疾，持之以恆，自能順其自然，出手皆能達到內外合一，形神兼備。

一出手皆如摧枯拉朽，勢不可擋（圖3-52、圖3-53、圖3-54）。

（三）臂掤前推掌

一臂將對方來拳或掌向上掤起，在上掤的同時，另一掌隨之向對

圖3-54

圖3-55　　　　　　　　圖3-56

方胸部發擊，或用低身法向對方小腹部發擊。

　　具體的演練方法：一腿先向前上一步，同上一側之手向上掤時，另一手蓄於肋旁（圖3-55），周身要以腰為界，腰以上勁向上行，腰以下勁向下行，形成周身對拉之勢。只有這樣才能更好地穩固好自己的重心，發掌力點才可清晰有力（圖3-56）。

（四）單手托掌

　　可作左右單手上托，托掌是以掌根內側，先向斜上方托起，繼而歸正上托。

　　具體的演練方法：如提右手先向上托，右腳即可在鬆胯、收腹、含胸的前提下，向上提膝上撞。在右掌上托和右膝上提的同時，左手則掌心下按，與右托掌有機地配合，上托下按同時到位（圖

圖3-57　　　　　圖3-58　　　　　圖3-59

3-57）。但在練習的過程中應注意的是，胸腹右側張開，以腰為界上下有對拉之意，左側蓄而發，這樣就可做到賓主分明，右重左輕。在演練的過程中，去逐漸實踐和體會。

（五）左右連環雙擊掌

　　左右連環按兩下掌又可叫作兩上一引一擊。單練時若右手和右腳先向前上，右手有接彼手之意，繼而向右後方領（圖3-58），此時身體右轉，同時上左步，左手先逆後順前伸（圖3-59）。繼而不停地左手在意念中搭住彼後背，然後速向懷中帶來。此時右手放棄，外引手向前出掌與左帶掌合拍。上右步右手向前上接手，同時左腳前上，左掌插搭於彼後背，立即向懷中帶來，右手急速前上掌

圖3-60　　　　　　　　　圖3-61

擊彼前胸（圖3-60）。

【注意】帶擊時氣向下沉，含胸、束肋、沉肩、丹田蓄合，重心向左前移的速度要配合好雙掌，勁力才能集中輔助左右掌。

（六）順逆托腰掌

所謂順逆托腰掌，就是雙手各在一側向外托掌的順逆不同之意。如彼拿住我右手順纏向外擤，我則上右步，身體側向右下俯身，隨著彼的順纏我即逆纏向前伸展，同時我左手在右伸時，拇指與四指叉開搭於彼右肋處（圖3-61）。

繼而急速提起右腳再次前上，右手繼續前伸，身體繼續斜下俯，有引進落空之意。在斜伸和側俯的同時，左手推肋向前催發。

圖3-62　　　　　　圖3-63

【注意】上步、斜伸與左掌前催發勁，應三者合歸於一（圖3-62）。

如彼抓住我左手逆纏擰之，我即上左步，身體左斜傾順纏順彼前伸，同時右手搭彼左肋處。要點同右側，促步前伸發力。在單人演練時，應視無人為有人，決不可無意空練，否則收效甚小（圖3-63）。

拳論曰：「勁起於腳跟，行於腿，主宰於腰，達於四梢。」這就是說每招每式發勁時，勁都是通過腰腿的密切配合傳導於梢節。

從中領悟其規律，運用自如，這就是理論與實踐相結合的成功經驗。只有這樣，發出來的勁才能完整一氣，勢不可擋。

圖3-64　　　　　　　　圖3-65

（七）單掌順逆纏法

順逆纏法是配合另一手順逆短勁拿法所用。若我抓住彼一手順纏下旋，同時我上右步，右手前伸，將對方一小臂擱在我小臂之上，此時我右手變順纏，左手變逆纏合勁將對方拿住（圖3-64）。在拿的過程中，重心由左向右移，胸內含，右臂內扣，與左手拿勁相合。

【注意】在用拿法時，周身各部位關節放鬆，力點才會清晰。若對方放鬆逃脫，我即更換勁別，變右逆左順繼續拿之（圖3-65）。

總之，在單掌順逆的訓練中，左右換步，順逆交替使用，不可死板，以聽彼勁而隨時改變勁路為上策。

圖3-66 　　　　　　圖3-67

（八）雙帶掌的單式演練法

雙帶掌，右步前上，重心前移，同時左掌前伸，繼而順纏左引，拇指與四指叉開，掌心向外，右臂前伸，指尖向前（圖3-66）。然後重心後移，身體向右旋轉，在右旋的同時，左手變輕握拳向前推，右臂內屈90°，隨右掌手指內屈，一齊向身體右側後帶，左右循環，更換練習（圖3-67）。

【注意】在重心左移身體右轉時，要與雙手合為一勁，要在演練中逐步體會其中的奧妙。

（九）前穿掌的單式演練法

如先上左腳，左手隨之前上，掌心向外，手指向上。在左腳前上的同時，右手蓄於右肋間，掌心

圖3-68　　　　　　　　　　圖3-69

向上，指尖朝前（圖3-68）。繼而不停地重心前移，兩手左下右上向前發穿掌，此時左掌心向下，右掌三指在前，拇指與小指構成合勁相互呼應。這樣可以提高食指、中指、無名指力點的清晰度。然後右手順纏走右外弧領著右腳前上，待右腳落地後，左腳隨即前上，左手由後向前上，雙手都回到原來欲發擊之處，繼而左下右上發穿掌，週而復始，反覆練習。左右循環，練習相同（圖3-69）。

　　【注意】右掌向前發順纏抖勁時，一定要做好腰脊的配合，才能疾速有力。

六、肘的訓練方法

　　肘的訓練方法有立肘、前栽肘、腰攔肘、順攔

肘、穿心肘、上挑肘、雙開肘、雙扣肘、掛肘、捌肘、採肘、斜穿肘。

（一）立肘單式演練法

所謂立肘，是一臂內屈約90°，掌變拳，腕內屈約4°，以小臂外側向前擊。

立肘單式演練方法：

如左步前上，右臂屈合於右肋處，拳心向後，左臂隨之屈合於左肋前，掌心向裡（圖3-70），然後在移重心的同時右肘前發，左臂隨之向身後發肘。

【注意】右臂為主，左臂為輔，左臂起平衡輔助作用。若久練純熟，即可隨機應變。左右循環練習，勁先長而後短（圖3-71）。

圖3-70　　　　　　　　圖3-71

（二）前栽肘

如上右步，右臂隨之前上，內屈90°，繼而右臂由後螺旋向上翻，隨即向前下栽出，為前栽肘。

具體的演練方法：

兩腳立正姿勢站立，漸而重心左移，身體右轉，同時右臂提起內屈

圖3-72

90°，置於右肋處。此時右掌變拳，手腕內屈，拳心向後，在右臂上提內屈的同時，左手向右，以掌心搭於右拳背上，為右肘前栽做好準備（圖3-72）。

然後提起右腳，向右前邁出，右肘在右腳邁出欲要落地的同時，由後向上，向前下發栽肘，力點在右小臂上端肘關節連接處。

但發栽肘時，左腳必須同時跟步前上，雙腳落地有促頓之意。然後右臂再次向上提起，拳置於右肘處，拳心仍向上。在右臂提起的同時，左臂向左外伸，右腳提起再次前上，右臂再次向前下發栽肘。待右肘下栽至九成時，左手向上，也可以掌心與右臂肱骨中節相拍擊。這樣週而復始，左右循環演練（圖3-73）。

圖3-73

圖3-74

（三）腰攔肘

　　兩臂無論左右式演練，都是臂向內屈90°，拳落於胸前，拳心向裡，若先出右臂上右腿，或出左臂上左腿，凡向前發肘皆為腰攔肘。

圖3-75

　　具體的演練方法：如上右步，身體先略左轉，繼而身體右轉，右腳尖略外擺，在右轉的同時，出右手經左側向上（圖3-74），繼而下落變拳蓄於右肋處，拳心向裡。在右拳下落時，左腳前上，左手隨左腳前上伸於左側前（圖3-75）。此時身體

圖3-76　　　　　　　　圖3-77

下蹲，周身蓄合，右腳蹬地，重心左移，身體左轉向前發腰攔肘，在發腰攔肘的同時，左掌內帶與右小臂中節相拍合。應當強調的是，發腰攔肘時略有上挑之意，這樣才能有拔根離地之妙（圖3-76）。

（四）順攔肘

身體預備姿勢站立，眼視正前，含胸，束肋，心氣下降。所謂順攔肘，如先用右臂逆纏螺旋向前屈合橫於胸前，用大臂外側向外發擊者為順攔肘。

具體的演練方法：

若左腳向左橫向跨步，約50公分，繼而右腿提起向左跨步，以腳尖點於左腳內側，兩腳相距50公分左右，此時兩腿屈膝下蹲，周身蓄合，有待命出擊之意（圖3-77）。

兩臂在右腳向左跨時，右臂先起內屈，左手右去前迎，以手掌搭於右臂外側。繼而向前螺旋劃弧，重心先右後左移，橫於胸前，右拳落到左腋前，拳心向下。繼而右腳提起向右外跨步，在跨步的同時，身體右轉，

圖3-78

左手輔助右大臂，以右大臂外側一齊向右外發擊順攔肘。開始時勁宜長、宜慢，熟練後宜短、宜速，然後再左轉，再右發擊，週而復始，左右兼練（圖3-78）。

（五）穿心肘

所謂穿心肘，就是一臂內屈以肘尖向外發擊。

具體的演練方法：步法、雙手運動路線，皆同順攔肘。所不同的是：

其一，順攔肘發擊略偏後，穿心肘成直角，以肘尖向外直開。

其二，穿心肘左手掌搭於右腕處，並輕握右拳腕部，協同右肘一齊向右擊發（**肘指向對方胸部心窩處**，圖3-79、圖3-80）。

圖3-79　　　　　　　圖3-80　　　　　　　圖3-81

（六）上挑肘

發擊一側臂合於肋處，然後急速向上發肘上挑，故曰上挑肘。

具體的演練方法：

兩腳立正姿勢站立，雙臂自然下垂，繼而左腳跳起向左側跨半步，在左腳欲要落地時，右腳隨之跟步跳起，以腳尖點於左腳內側約50公分。同時雙手待雙腳跳起時，左掌向左外上抬指尖朝上，掌心向右。右掌向左經胸前，隨身體右轉向右劃弧落於右膝上方，掌心向下。此時眼視右側，周身蓄而待發（圖3-81）。繼而右腳速向右上步，腳後跟先著地，重心隨之右移。在移重心的同時，兩掌變握拳左下右上，

圖3-82　　　　　　　　圖3-83

右拳順纏屈腕於右肩處，右小臂外側迅速向上發挑肘，右拳心向下。左拳落於左肋處，拳心貼肋（圖3-82、圖3-83）。

【注意】在發上挑肘時，眼視身體右側，發擊一側以腰為界，形成上下對拉之勢，否則勁全向上，即有拔根之危。只有左側蓄含輔助右側上挑，才能做到左右兼顧，虛實分明。此招發完後，左腳左跨。右腳隨之左跨點地，然後再上右腳發肘，週而復始，並可左右演練。此勁也同樣是先慢長而後漸短促，直至熟練達到彈抖寸勁為宜。

（七）雙開肘

兩臂向內屈合，兩小臂相貼合於胸前，向橫側跨步，同時雙臂向兩側發肘為雙開肘。

圖3-84　　　　　　　　　圖3-85

具體的演練方法：無論哪條腿先向橫側跨步，同時兩掌變握拳在胸前屈臂併合（圖3-84）。

如向左側跨步，左臂在裡，右臂在外。跨步出肘則向左擊之，在移重心的同時，雙肘向兩側發肘勁，勁力直達兩肘尖。眼視左側，反之眼視右側（*臂在裡側者為主，在外側者則為輔*）。左右循環演練（圖3-85）。

（八）雙扣肘

雙扣肘也可叫雙合肘，是雙臂內屈由兩側向中間擊雙肘。

具體的演練方法：一腳前上時雙掌變拳落於兩肋處，待重心前移時，兩小臂、肱骨外側齊向中間內扣發肘勁。發肘時雙拳落於胸中央兩側，雙腕向內屈合，眼視前方，胸內含，兩肩隨雙肘前發向

圖3-86　　　　　　　　圖3-87

內捲。這樣能加大雙肘發擊的幅度。演練者在演練
中，應認真體會其內涵（圖3-86、圖3-87）。

（九）掛　肘

所謂掛肘，是一臂屈肘前伸，以大臂外側向懷
中掛。

具體的演練方法：

如左腳向前上一
步，左手隨之前伸，掌
心向前揚掌（圖3-88），
重心左移，右腳前上一
大步，落於左腳前。在
重心右移的同時，左掌
變半握拳由上向下，落

圖3-88

圖3-89　　　　　　　　圖3-90

於左腿外側，右手變握拳豎肘於右膝上方，拳心內屈向後（圖3-89）。繼而右腳蹬地，重心左移，身體右轉，左手前伸，右肘下沉向右後發後掛肘。

【注意】左伸右掛要同時到達，做到完整一氣。此掛肘發畢後，再上左腳伸左手，上右腳出右肘，然後再發掛肘，左右循環，週而復始（圖3-90）。

（十）捯　肘

捯勁是太極拳八大勁別之一，捯就是順中求橫。所謂捯肘，就是用肘的橫勁克制對方順勁的一種方法。

具體的演練方法：上右步，重心前移，出右手揚掌落於右膝上方，繼而重心左移，同時右掌變屈

腕刁手，在右手變刁手的同時，左手拇指叉開前伸。然後重心突然右移，左掌變半握拳向左側肋處斜下，同時右小臂肱骨右側向前發勁（寸勁）（圖3-91）。

圖3-91

【注意】左右手運行時要同時到位，此勁都是在腰脊的帶動下來完成的，以橫勁破順勁，才能形成捌勁。捌勁完畢後，上左腿與右腿平行。右腳繼而前上，週而復始，在演練中細心揣摩。

（十一）採　肘

在另一手的輔助下，以肘向下採住對方使其不能運轉，為採肘。

具體的演練方法：

如左腳向左側後方撤步時，左掌拇指叉開由左向右側前上，繼而重心左移，同時左手小指領勁變半握拳，由上而後下經胸前落於左肋前，掌心向上。在左掌欲落的同時，右手從右側屈肘上抬，此時小指、無名指、中指蜷曲成刁手，拇指與食指成

圖3-92　　　　　　　　　圖3-93

八字形。在重心左移左手逆纏下旋的同時，右小臂肱骨外側向下發採肘勁。在發採勁時一定要與擰襠、轉腰、旋背密切配合，動作內外一致，身手俱下，切不可癡呆手軟（圖3-92）。

（十二）斜穿肘

它是在處於被動局面時，大身法轉危為安的一種向斜上後擊的特殊肘法。

具體的演練方法：

如左腿屈膝下蹲，五趾抓地，右腿向右後方伸出。在右伸的同時，右手拇指領勁逆纏上抬，使肘自然下沉（圖3-93）。在鬆胯的前提下，身體突然下俯，重心右移，在移重心的同時向斜上偏後方發上穿肘。

【注意】發穿肘時周身勁一定含蓄好。下俯則是跌法，發肘時機須適當。否則，或遲或早皆不能用之。應下大工夫，反覆演練，在實踐中去體會領悟（圖3-94）。

圖3-94

七、靠的訓練方法

靠的訓練方法有前栽靠、側肩靠、迎門靠、胸靠、雙背靠、背折靠、七寸靠。

（一）前栽靠

一臂內屈於前上腿內側，右肩外側向前下發栽靠，為前栽靠。

具體的演練方法：如右腿前上，右臂內屈於右腿內側，同時左手輕搭於右臂外側。在重心右移的同時，右肩外側向前下栽發靠。但右腿前上重心前移，右臂內屈發栽靠，要同時到位。待前栽靠發畢，左腳前上與右腳齊，右腳繼而再上發栽靠。週

圖3-95　　　　　　　　圖3-96

而復始，左右循環（圖3-95、圖3-96）。

【注意】發前栽靠俯身傾斜度較大，發擊時還需控制好自己的重心，不可過度前探。應做到既發擊到位，還要做到我守我疆，莫要出界，貪則失勢，後悔莫及。

（二）側肩靠

所謂側肩靠，是己一肩對彼一肋，側向發肩靠之意。

具體的演練方法：若右腳向前方上步，在腳後跟著地的同時，右手由內向上，再向右外掤引，左手隨著右手而由左向右搭於右肩內側。繼而右腳再次提起前邁，右肩隨之急速向前，以肩的前側向前發側肩靠（圖3-97）。

圖3-97

圖3-98

在雙手右引的情況下右腳向前上一大步，不做跬步，也可直接向前發側肩靠。

【注意】在發擊時，引、帶、擊三者合為一勁，時差不能超過1秒，否則節奏掌握不好，反而頂勁。演練者在實踐中，逐步掌握快速完整之要領，要求逐漸達到「快而不散，沉而不僵，輕而不浮，浮而不飄」的標準（圖3-98）。

（三）迎門靠

所謂迎門靠，是古代人們對雙手的形容，形容雙方在交手時手就像兩扇鐵門一樣，若不得機，不得勢時，就閉而不開，嚴密守護，使彼不能來侵。如能將對方兩扇門打開，迎門靠就能隨之入內擊之。

具體的演練方法：

如右腳向右前方上一大步，同時雙手前上交叉於胸前，左裡右外，雙手指斜向上，雙掌心向左右兩側，繼而不停地向身體兩側外，將彼雙手分開，使彼胸部暴露。然後兩臂向身體兩側後，促使右肩向前，在雙手向兩側分的同時，突右肩向前發擊（圖3-99、圖3-100）。

迎門靠法有二：

其一，發靠時勁略向下，肩尖更能突出，易傷人，為窄面。

其二，發靠時肩平著前催用寬面發擊。

總之，發擊都需完整一氣，宜快不宜慢。待此靠完畢後，再上左腳與右腳平行，繼而再上右腳，再合，再分，再擊。週而復始，左右循環，反覆演練，直至速度、勁力自感稱心為止。

圖3-99

圖3-100

（四）胸　靠

在胸腰折疊的前提下，以突胸擊之為胸靠。

具體的演練方法：

如右腳前上，重心前移，兩臂向兩側分開，繼而向前成摟抱形狀。然後重心突然由右向左移，此時兩手同時以掌將彼向懷中帶來，胸內含，重心急速向左再向右移，在右移的同時，胸急速外突發擊胸靠。

此靠須練純熟，否則不能用之。演練者在演練時要增強時間差意識，巧用時間差，克敵制勝。此靠完畢，繼而上左腳與右腳平行。再上右腳，伸兩臂，合抱，突胸發擊，左右腿連續前上，反覆練習（圖3-101、圖3-102）。

圖3-101　　　　　　　　圖3-102

（五）雙背靠

雙背同時向後靠擊為雙背靠，雙背靠的演練屬短彈抖勁，有一定練拳基礎的人方可演練。

具體的演練方法：

兩腳平行站立，在肩內捲時，雙手拇指輕領勁向後轉，雙掌心向後，待周身蓄合到適中時，突然呼氣突胸向前崩。

雙背向後發背靠。左右兩腿無論先上哪條腿皆可。在重心前移時胸內含，然後雙背向後發背靠，其要點和前相同，都是先蓄而後發。

此方法也屬短勁，需下苦功練習，方可知其奧妙（圖3-103、圖3-104）。

圖3-103

圖3-104

（六）背折靠

在腰脊為軸心的引進情況下，向後反折以背發擊之為背折靠。

具體的演練方法：

如右腳前上，右臂前伸漸而下插於右腿內側。指尖斜下，掌心向下（圖3-105）。繼而重心略前移，右手隨重心前移變順纏上升，在右手上升時身體略左轉。此時周身蓄合，待重心合好後，重心繼續右移，在移重心的同時，右大臂和肩同時向右後方發後背靠勁。

此靠的運用應根據對方貼身的遠近而定，如近則發短勁，若較遠可略將靠距放長。練習背折靠，要左右勢循環兼練，決不可急躁（圖3-106）。

圖3-105　　　　　　圖3-106

圖3-107

（七）七寸靠

所謂七寸靠，是指在運用時發擊部位離地高度以七寸（約23公分）為宜。

具體的演練方法：

左（或右）腿向一側橫向跨出一大步，然後俯身下去。肘從膝下繞過，左右循環演練。此靠屬大身法，要求身法在大幅度的傾斜下，還需達到曲中求直，斜中寓正，不能失去頂勁。此勁開始時宜慢不宜快。一般功夫運用此靠是不容易掌握的，只有下苦功練習方可熟練運用（圖3-107）。

八、拿的訓練方法

拿的訓練方法有順逆拿、胸拿、腹拿、雙合腹採拿、纏繞拿、腿拿、刁蓋拿、雙合拿等。

（一）順逆拿

所謂順逆拿，就是順纏與逆纏兼施並用之意。

圖3-108

圖3-109

具體的演練方法：

如上左腿，左手前伸，掌心向裡。同時右手置於右肋處，右掌心向上（圖3-108）。繼而鬆左襠，重心由後向前移，在重心左移的同時，左手拇指領勁由外向內順纏，在左手順纏的同時，右手由外向內扣合，與左手構成一勁拿之（圖3-109）。但在重心左移時，只有襠走下弧前催才能順遂有力。同時雙手合拿時須沉肩、墜肘、含胸、塌腰、束肋，氣往下沉。

只要在運動中能做到內氣與外形的密切配合，在實踐中就能逐漸收效。

順纏拿畢，繼而變重心略向後移，隨即向前，重心在一瞬間左右左變換的同時，雙手由左順右逆變為左逆右順纏，隨同重心前移而拿之。總之，順

圖3-110　　　　　　　圖3-111

逆是相輔相成的。我用左順右逆拿住對方，但對方
以柔化放鬆向我身體下插，此時對方則基本解除了
拿法給他造成的威脅。

　　所以我需及時改變勁路，以左順右逆變左逆右
順截住對方的勁路，如其再變，我則隨彼動而動，
隨彼變而變。由於對方走的是長勁，我則是一開一
合的短勁，我後發而先至，最終皆在他先。只要多
下工夫，能熟練運用時，即可不假思索，戰而勝之
（圖3-110）。正所謂：

　　　拿法小技實難練，節節放鬆力點堅。
　　　上下四旁扣如弓，一處不達也不中。
　　　左合右拿反覆變，日日演練不清閒。
　　　年輕不下苦功練，年老後悔也枉然。

圖3-112　　　　　　　　圖3-113

（二）胸　拿

所謂胸拿，是指在手的協助下，以胸合勁採拿。

具體的演練方法：其一，我右腳前上，同時右手從右側起經胸前向左，然後向右上掤，高與頭平（圖3-111），落於右肋前，掌心向前外，繼而右手右轉時鬆右襠，身體右轉，重心右移。同時左手前上落於左側前方（圖3-112），隨即鬆左襠，重心左移，同時含胸、束肋，氣往下沉，右手變握拳貼胸。然後隨胸內含下採。在胸下採時，右手隨之順纏裡合，此時扣襠，含胸、束肋、氣沉丹田三勁合歸於一。但應注意的是，雙手只是起到輔助作用，力點在胸左側，在胸採拿時鬆左襠，重心左移，才能達到力點清晰（圖3-113）。正所謂：

左上右揚一整圈，鬆襠轉體蓄肋旁。

前移重心合好勁，頂勁領起中峰懸。

一速一慢隨彼變，擒拿中正不可偏。

急動急隨莫丟勁，周身無處在悠閒。

（三）腹　拿

所謂腹拿，是在左右手的輔助下，以小腹擒拿之。

具體的演練方法：先上右步，右手隨之由右經左側，繼而前上劃弧落於右腹前，劃弧確有接住彼手之意，此時掌成八字形，掌心向左，繼而上左步，左手左前伸，指尖朝前，掌心向右。然後鬆左胯，右腳蹬地，重心左移，在重心左移的同時，雙手變左順右逆纏。此時左手順纏合勁，右手隨小腹內氣向左滾拿之。

【注意】腹拿時合襠、含胸、束肋，氣往下沉，左合、右拿、腹滾三勁合歸於一。主要支點在於小腹，至於雙手，相對而言右重左輕，皆起輔助作用。眼平視左側前（圖3-114、圖3-115、圖3-116）。正所謂：

圖3-114

圖3-115　　　　　　　　圖3-116

右上左跟腳站穩，右下左上向前伸。

未拿輕捷如靈貓，意念貫穿欲待攻。

不可左右多循環，此機一過再不返。

意堅動快心莫軟，勝敗只在一瞬間。

（四）雙合腹採拿

所謂雙合腹採拿，是右腳先上前半步，雙臂前伸，然後內屈合90°左右，掌心向內，指尖相對，小腹突擊，與雙掌內合構成拿勁。

具體的演練方法：如上右步，雙臂前伸內屈，兩掌心向內，目視前方（圖3-117），繼而不停地重心前移，含胸、束肋，氣向下沉，丹田內勁鼓蕩。然後在重心前移的同時，雙掌由下向內上合，離小腹約10公分合拿之。但應注意的是，在意念

圖3-117　　　　　　　　圖3-118

中應有敵情觀念，此用法猶如對方雙手按住我小腹往前推之，我當即重心前移，使小腹外突，兩手拿住對方兩肘向內合，使對方在受力時，雙腕外折被拿（圖3-118）。正所謂：

右腿前上雙臂伸，繼而內屈再上提。
重心右移丹田聚，三勁合一是真諦。
直拿引入身靠近，發勁雙掌胸前提。
上提逃脫兩側滾，側滾合拿也難敵。

（五）纏繞拿

所謂纏繞拿，是一臂由對方內側纏繞後與另一手構成合勁拿之。

具體的演練方法：先上右腳，繼而出右手，經左

胸前上，向右外上掤挒至右側前
上方（圖3-119）。在右腳前上
落地的同時，左腳前上，左手前
伸，然後右手再下，落於右腿上
方，身體下蹲，含胸、塌腰、束
肋，氣往下沉（圖3-120）。

圖3-119

　　雙手內合與胸勁構成一勁，
合二為一拿之。雙手內合與胸的
距離，約為15公分。此勢完畢
後可再上右腳，出右手向外掤挒，上左手蓋與右手
向胸前復拿，左右循環，連續上步，反覆演練（圖
3-121）。正所謂：

　　　　右先左後向前伸，右接左纏齊並進。
　　　　重心左移身屈合，雙掌內扣降妖魔。

圖3-120　　　　　　　圖3-121

含胸束肋氣下降，下降之中有鼓盪。

此種拿法妙如神，折斷腕骨挫斷筋。

（六）腿　拿

所謂腿拿是上左步，繼而左臂前伸屈合，右手逆纏下拿與左手構成一勁，以左腿裡扣為支點拿之。

具體的演練方法：

左腳前上，同時伸左手，然後內屈裡合，掌心向裡，指尖朝前（圖3-122）。

在上左步的同時，身體下蹲，氣下沉、含胸、束肋，重心前移。在重心前移的同時，左臂下塌，右手由右側逆纏向前下拿，此時高度與左腿平，左腿略向裡合，左臂與右手合二歸為一勁。以左腿為支點拿之。拿畢重心左移，提起右腳前上，右手在右腳前上的同時，由左側上起螺旋劃弧，意欲接手，向右引落於右肋處。繼而提起左腳，伸展左臂前上，重心前移合拿，週而復始，反覆練習（圖3-123）。正所謂：

左右兩腳更換疾，右臂內合左臂伸。

重心前移走下弧，右逆左順扣如弓。

膝蓋內擺襠須鬆，兩手為賓腿為主。

三勁歸一齊拿敵，週而復始制勝歸。

圖3-122　　　　　　　　　圖3-123

（七）刁蓋拿

　　所謂刁蓋拿，如右手由右向左上順纏上擤，左手由左側前上向下按之，此為右上左下蓋。

　　具體的演練方法：先上右步出右手，經左上漸而向右有接手引進之意，落於右肋處，待右腳落地後上左腳，伸左手。然後右手順纏向前上擤，高與鼻平。右手上擤時，左手掌心向下蓋，與右手上擤合為一勁。此時應注意上擤下塌時，沉肩含胸，身體略下蹲，有周身與雙手合拿之意。此招演練完畢後，右手隨右腳繼續前上，左手下落；待右腳落地後，重心右移，隨之左腳前上，左手前伸蓋拿，週而復始。上右腿時，右手隨之由左然後向右挪捋，落於右肋處。待右腳落地後，左手隨左腳前上，

圖3-124　　　　圖3-125　　　　　　圖3-126

身體下蹲，我以雙手合蓋勁拿之（圖3-124、圖
3-125、圖3-126）。正所謂：

> 右腳前上臂外掤，漸而下捋輕抓撑。
> 順纏前送重心移，左手前伸搭彼臂。
> 一順一塌劫彼勁，周身蓄合意欲攻。
> 雖然拿法甚為妙，拿確為打做先鋒。

（八）雙合拿

所謂雙合拿，就是在周身的密切配合下雙手合
勁拿之。

具體的演練方法：

出右手經左側，然後向上掤引。在出右手的同

圖3-127

圖3-128

時，左腳前上，左手隨之前伸，然後重心不停地左移，雙手隨重心左移一齊向下合拿。向下拿時身體下蹲。氣下沉與雙手合拿為一勁。就是右手先向前接住對方的手向右外引，再上左步伸左手，抓住對方的腕部上方，右手抓住對方手腕，在身體下蹲、含胸、束肋、氣往下沉的一瞬間，一齊向下拿之。

【注意】在向下拿時只有沉肩、墜肘，才能使拿法的力點清晰（圖3-127、圖3-128）。正所謂：

隨步前上掤變抓，繼而輕輕刁起它。
左腳上步手抓肱，重心前移成前弓。
身體疾速向下蹲，合勁皆須周身隨。
周身欲動意為先，直拿不悔莫癡呆。

九、解脫的訓練方法

解脫的訓練方法有關公解帶、刁腕屈指解、雙腕直解、穿掌解、屈腕反拿解、閃驚側肩解、閃驚震掌解、反拿促步解、雙手外分解。

（一）關公解帶

據傳說，此招是關公（《三國演義》中的關羽）的絕招。也就是彼從我身後突然抱住我腰，妄想將我掀起，我將彼雙臂解脫，化險為夷，為解帶也。

具體的演練方法：

兩腳平行站立，與肩同寬，雙手在身體兩側自然下垂，眼視前方。然後先吸氣，隨著身體漸漸下蹲呼氣，繼而氣下行於丹田，在氣向下行的同時，兩手以小指、無名指、中指、食指為序，隨著身法和氣下降的快慢，由下向上順著兩肋外側，漸而向上刁起。

【注意】氣由外向內順行下滾，同時下蹲、束肋、雙手刁指三者合一，否則是不易解開的。總之，只有透過長期的鍛鍊，才能使解脫運用自如（圖3-129、圖3-130）。

圖3-129　　　　　　　　圖3-130

（二）刁腕屈指解

　　無論哪隻手，四指併攏由內向外，有刁腕屈指解脫之意。此種手法多用於六封四閉變單鞭時，只有在單式中反覆演練，才能做到遇敵時解脫自如。

　　具體的演練方法：五指捏攏，由胸前起斜上右前方或右側斜上，在沿路走化的同時，逐漸屈腕、屈指。待行走到終點時，五手指肚相合，自然達到脫出之目的。但此種解脫只限於手指，也就是手的梢節。在走化時應注意鬆肩、墜肘、含胸，氣往下沉。只有這樣，受阻一臂才能達到鬆而長、力點清晰，脫勁才能準確地達到手指。

　　演練者應左右反覆、循環練習，熟中生巧，定能逢凶化吉（圖3-131、圖3-132）。

圖3-131　　　　　　　　圖3-132

（三）雙腕直解

所謂雙腕直解，就是當對方緊握我小臂和手的連接處時，我以雙腕內側螺旋向上迫使對方脫手。

具體的演練方法：一腳前上，重心在後，兩手變拳輕握，由兩側隨重心前移徐徐前上。重心走下弧線向前移，同時含胸、束肋、沉肩、墜肘、屈臂，氣向下沉，勁才能順利地到達腕部內側。此種解法演練時無須大身法，只是一鬆一沉、一開一合皆可（圖3-133、圖3-134）。

（四）穿掌解

所謂穿掌是雙手在胸前交叉，無論向身體哪一側走化，都是穿掌解脫之意，此勢多用於金剛搗碓變懶紮衣一式。

圖3-133　　　　　　　　圖3-134

具體的演練方法：

雙臂內屈90°，左右兩手在腹前疊置，左下右上（圖3-135）。然後身體微下蹲，同時含胸、束肋、沉肩、墜肘，氣向下沉，身體先左後右轉，兩手隨身體的旋轉左順右逆，在身體左側轉一小圈（360°），變雙臂外掤，兩掌心向外，有解脫完畢封閉對方之意。如向右旋轉，身體先右後左，解脫順逆的方向相反（圖3-136）。正所謂：

　　雙腳平站身端嚴，二目平視望正前。

　　沉肩墜肘胸內含，雙手疊置在腹前。

　　先左穿掌後右轉，封彼雙掌轉向前。

　　欲穿上下腰為界，中正守僵莫偏貪。

圖3-135

圖3-136

（五）屈腕反拿解

若彼抓我右手指順纏外擰，我即屈腕逆纏隨之，待我旋轉到所需位置時，左手前上協同右手一起反拿之，故曰屈腕反拿解。

具體的演練方法：

圖3-137

如我右臂前伸，然後內屈45°左右（圖3-137），掌心向左，繼而不停地逆纏向外旋轉180°左右，屈腕內折，同時右腳前上，以腳尖點於右前方。此時左手前上，協助右手一起向下反拿之。但應注意在外旋屈腕時

圖3-138　　　　圖3-139　　　　　圖3-140

身體上拔，以腰為界，一半上升，一半下降，鬆
肩、屈腕、提肘。其目的是將周身各部位關節
鬆開，促使身肌放長，使旋腕能夠順利無阻地達
到轉捩點，屈腕反拿，化險為夷（圖3-138、圖
3-139、圖3-140）。正所謂：

　　身體上拔兩界分，節節鬆弛勁緊跟。
　　鬆沉兼備無止境，優者被擒難佔先。
　　此乃太極圓中理，萬變不離柔中圓。
　　只要平時苦研練，強人反困如觸電。

（六）閃驚側肩解

　　若彼順纏拿我腕部，我則逆纏順遂向外上旋，
在周身放鬆、放長的前提下，以快速向右側閃驚對

圖3-141

方，繼而俯身用側肩靠擊之，故曰閃驚側肩解。

具體的演練方法：

右臂平伸，繼而內屈90°，然後腕部內屈向裡下旋，在指尖逆纏下插的同時，胸內含與背上拔、氣下沉相互呼應，繼而不停地變逆纏向右外斜上引，掌心向右外，同時右腳前上，以腳尖點地（圖3-141）。在右掌外引的同時，左手向右側前上置於胸前，掌心向右協同右引合二歸一。重心左移，繼而再提起右腳前上。在右帶左拍的一瞬間，上步出肩向彼右肋處發側肩靠。此時彼被擊，騰空而起，被拿之手不解自脫。

【注意】右手外引、左手向右與右步前上，只是一瞬間的過渡時期。隨即雙手閃帶、上步、發肩同時到位。也就是引、拍、上步、發擊不得超過1秒，否則發擊則拖泥帶水，難得斬釘截鐵、乾脆俐落（圖3-142）。正所謂：

不拿梢節變中端，彼順我逆意在先。

周身蓄合隨勢揚，上引下進誰能防。

圖3-142　　　　　　　圖3-143

閃驚之下突肩進，俯身一肩破銅牆。

招式雖是如此用，機動靈活胸中藏。

（七）閃驚震掌解

所謂閃，就是形容快速無比之意，發力時有迅雷不及掩耳之勢。驚是在閃的前提下，使彼精神上受到一定刺激後，有散氣移重心之感。所以閃與驚是相互不可分割的共同體，只有先在驚閃的前提下破壞了對方的重心後，然後才能乘破竹之勢發震掌，故曰閃驚震掌解。

具體的演練方法：如對方抓住我兩臂中節，我則左腳向後先撤半步，身體下蹲，周身蓄合，雙手隨之變拳在身體兩側（圖3-143）。漸而上提內屈180°左右，拳頂向上，眼視正前方。繼而重心

前移，兩大臂直前進，以我中節先破彼梢節之勁，同時雙拳變掌向兩側分開，掌心略向前上，兩小指搭於對方兩臂中節，緊接著我周身順纏發抖勁一圈（短勁）。同時雙手也隨之各在對方臂上劃帶，使對方驚悸之時失去重心，在精神和步法上未穩定時，我急速再上步向對方發掌擊之。

【注意】在身體和雙手發抖勁時，身體下蹲，雙掌內收，然後上步、出掌同時到位，此勁要求疾速、剛猛（圖3-144、圖3-145）。正所謂：

撤步後退不為敗，閉勁蓄合速度快。
梢節破中背拳理，屈臂揚掌勁皆分。
雙肘內合手外開，千鈞敵力難沾邊。
周身發出閃驚勁，出掌頓步解脫完。

圖3-144　　　　　　圖3-145

（八）反拿促步解

所謂反拿是反關節拿法之意，促步發擊也可曰頓步。

具體的演練方法：右腳提起，右臂隨之內屈順纏向身體右側斜外伸，掌心向外，指尖斜上向前。然後身體下蹲，重心左移，身體側向右傾蓄而合（圖3-146）。繼而再次提起右腳向側前上步，在上步的同時左手由左向右伸，隨著右腳落地，右手側向前穿，左手拇指叉開向右側發推掌。

【注意】此促步頓掌是側向大傾斜身法，促步能增大爆發力，做到三勁合一而出，才能完整一氣。演練者在練習時，身法由高漸低，由慢漸快，由長勁漸短勁，切莫急躁。只要持之以恆，定能積柔成剛，積剛成堅（圖3-147）。正所謂：

圖3-146　　　　　　圖3-147

反拿關節側身隨，勁向下塌含屈伸。

彼將欲動我神會，周身無懈何須慮。

獨木千斤站立穩，上下四旁抖精神。

俯身三勁一齊發，何愁抓手不自脫。

（九）雙手外分解

所謂雙手外分解，是彼抓住我雙腕後，我則兩臂外分，達到解脫之目的。

具體的演練方法：

如右腳前上，同時兩臂前伸，然後內屈90°左右，兩掌心相對，眼視前方（圖3-148）。然後雙腕內折，掌心向內（圖3-149），繼而雙手指向下插（圖3-150），再變左逆右順纏向身體兩側展開，抓手皆能自然解脫。

圖3-148　　　　圖3-149　　　　圖3-150

【**注意**】雙手腕內折時吸氣，下插時呼氣、沉肩、墜肘、含胸、束肋，氣往下沉。繼而再吸氣，待雙掌向外展開時呼氣。展開的程度可靈活多變，在運用時如對方雙手未能解開，可再變雙掌右順左逆向上，此舉可完全解脫。

所以，在演練時應雙手下插，繼而向兩側展開，再由兩側回收到胸前變下插掌，反覆練習（圖3-151）。正所謂：

雙臂內含指下插，含胸束肋氣沉丹。
抓住雙腕不算巧，左順右逆向外翻。
未能解脫手上抬，不鬆兩臂似鐵鉗。
一開一合即解脫，雙手抓腕化雲煙。

圖3-151

第四章

太極養生增氣功

一、太極養生增氣功簡介

太極養生增氣功，是練好太極拳及太極推手的主要環節之一，又是固養先天，培育後天，促使氣血流注鼓盪於皮，氣降湧泉，使底盤穩固、周天暢通的有效措施。故陳鑫曰：根深葉茂，則枝葉自榮。

太極養生增氣功與靜氣功相似。靜氣功是靜中求動，太極養生增氣功是動靜兼修，除無極勢外，都是以起伏、開合、掤、捋、擠、按四正手來統率整個功的。太極養生增氣功具有氣功加技擊的特點，可視為高級活氣功。

太極養生增氣功可分為以下六種：無極樁、渾圓樁、開合樁、三體勢、纏絲樁、五樁還原。此六種功，既可連續演練，又可單式分別練習。演練此功，除有保健、靜養、技擊、療病的效果之外，對

演練太極拳及太極推手也起一定的作用。

太極養生增氣功的愛好者，在各個不同形體姿勢的情況下，應逐式去體會和研究各個功法要點，循序漸進，定有重效。

二、無極樁功演練法

（一）姿　勢

【第一式】兩腳平行站立，與肩同寬，兩臂在身體兩側自然鬆弛下垂，身體端正，二目閉合，然後逐漸睜開，平心靜氣，意守丹田（圖4-1）。

【第二式】接上式，隨著微細、慢長的呼吸，兩手隨兩臂逐漸向兩側外展開，變右順左逆纏與肩平，兩掌斜向兩側下（圖4-2）。

圖4-1　　　　　　　圖4-2

【第三式】接上式，小指領勁內扣與拇指相呼應，漸漸內收，向身體中線合攏，變雙手疊蓋於小腹處。男子左外右內，女子則反之（圖4-3）。

圖4-3

【要點】雙臂向外展開時要做到適中而止，過則會使氣向上泛，足跟空虛，橫氣填胸，嚴重時會有胸悶等不良現象出現。但也不可太軟，軟氣則發揮不到梢節，實而仍虛，力點不清晰，則為丟勁，所以在演練時必須細心體會。

（二）對身體各部分的要求

（1）上節頭頂百會穴向上領起，脖頸要自然豎直，大腦皮層和面部肌肉自然放鬆。

（2）頸部以下，兩肩關節骨縫鬆開，略下塌，兩肘關節也隨著沉肩下墜，同時胸內合，兩肋微束，腰勁自然形成下塌，五臟六腑皆有合聚之意，則周身處於穩定狀態。

（3）下肢在中部各部位鬆弛的基礎上，兩胯也隨著放鬆，臀部略上泛，提肛，兩膝微下蹲，足五

趾輕抓地，湧泉要空鬆，使濁氣下降時能夠順利暢通。

（三）呼　吸

呼吸是站樁功最主要的內容之一，在樁功演練中應注意以下幾個問題：

（1）用鼻吸口呼，在吸氣時要舌尖頂住上齶，呼氣時將舌尖放下。因上齶是督脈之端，舌尖是任脈之始，所以每一吸一呼都必須經由任督二脈的觸匯後，將舌尖放下，咽一口氣隨津液向下，越過中丹，注入下丹田。週而復始，反覆演練，是促使大小周天暢通的重要環節之一。

（2）吸氣時胸腹部內收，氣隨著意念由會陰起，通過尾閭關順脊逆行而上，越玉枕達百會。在氣逆行向上時，身體略上升，背略上拔，周身關節、肌膚毫毛皆有欲開之意（但氣向上逆行時拔背切不可過，過則氣血上浮，有橫氣填胸之弊）。

（3）呼氣時身體略下降，周身各部位，包括五臟六腑皆有合拍之意，隨著內氣下降，含胸、塌腰、氣歸於丹田，但注意切莫用力壓迫小腹，向外鼓盪則需自然。

（4）由以上各項的反覆演練，其目的是擴大肺活量和鍛鍊腹部橫膈肌，促使氣佈周身和以意導

氣，並使大小周天暢通。

(四)意 念

在太極養生增氣功演練中，意離不開氣，意想氣隨，氣隨形達。這是意、氣、形三者不可分割的整體運動。

初學者由於對練功的姿勢和其中的要點記不清，這時可以先不安排意氣運動。待熟悉動作要點之後，這時腦子就空下來了，各種雜念便紛紛而來，無法做到心靜，所以，須按照功的程度來安排功法。

(1) 在無極樁功中把意念活動有意識地集中到丹田上來，借此來排除各種雜念，即所謂「以一念代萬念」。在樁功中，只有透過意念、意識、思維和思想感情等精神活動，才能使大腦皮層得到充分休息和調整，對各器官系統才能起到良好的促進作用。

(2) 練功的關鍵是鬆靜和意識集中，才能促使內氣在意識的指導下，產生正常循環運動，從而達到周天暢通和技擊應用之目的。但這都必須經由自己的勤奮學習，正確掌握要領，不急、不躁，才能逐步領悟。

三、渾圓椿功演練法

椿功，也有人叫「站椿」，是我國武術的一項重要基本功。武術界常說：「練拳不練功，老來一場空」，又曰：「練拳無椿步，房屋無頂柱」，這些話形象地指出了椿功的重要性。

練拳不練椿功，就像宏偉的土木建築沒有牢固的地基一樣。所以練習太極拳的人們除練拳之外，再加上練習椿功，進步就會更快。

（一）姿　勢

【第一式】開始站立姿勢同前，然後重心右移，繼而提起左腳向左外跨半步，兩腳平行站立，比肩寬，兩腿屈膝略蹲，要求頭頂要平，頸要自然豎直，腰脊正直，上體保持與地面垂直，鬆肩、鬆腰、鬆胯、塌腰（圖4-4）。

【第二式】接上式，待左腳踏地時，兩手由兩側分開，繼而向中間合攏，墜肘後肘比肩略低些，做環抱大樹狀。兩手指均勻張開、微彎，如半握球狀，兩掌心向內，手指相對，距離30公分左右，兩眼自然睜開或閉目均可。如睜開可平視，遠眺一固定目標，閉目則意識守固丹田（圖4-5）。

圖4-4   圖4-5

（二）對身體各部分的要求

（1）樁功調整

渾圓樁可以高、中、低三種身法演練，如老弱有病者，可練習高身法，時間上可先短漸而長。年輕體壯者可先高身法，後中身法，再低身法演練。初練時能堅持幾分鐘就行，然後逐漸增加練習時間，最好是開始先10～15分鐘，然後增至30～40分鐘，收效較好。

一般來講，剛練習和練習兩週後，大小腿會出現酸、脹、痛的感覺，有時還會出現輕微顫動。這些細微顫動，用手撫摸或仔細觀察腿部肌肉，才能發覺出來。繼續站下去，在中身法或低身法練習中則顫抖會很明顯。大腿上的肌肉會呈現出有節奏

的抖動，整個身體也會隨之有節奏地上下抖動。此時身法可略升高，然後再降低。只要堅持練習，經過一段時間的跳動，肌肉的耐勞能力和控制力增強後，跳動會變細微或停止。如再繼續站下去，又可能會跳動，循環往復。

(2) 升降法

所謂升降即上下起伏之意，在站樁時隨著呼吸，身體進行起伏。如高身法時，先慢慢地吸一口氣，然後在呼氣時隨著漸漸下蹲，直至臀部與膝蓋平衡為止。吸氣時要慢慢隨身體同步而上，舌尖頂住上齶，將氣由足跟拔起順後腿而上，然後經任脈、鵲橋、督脈、尾閭關順脊逆行而上，通玉枕達百會。在身體站立氣達百會的一瞬間，意念和內勁在督脈終端與任脈始端融會貫通，將舌尖放下嚥一口氣，隨津液下注，由中丹，注入下丹田。再隨著細微慢長的呼氣和身體同步向下蹲，氣隨兩腿內側下降達於湧泉，週而復始。

（三）呼　吸

呼吸對樁功有一定的影響。樁功實質上是一種靜力緊張性鍛鍊法，但靜止是相對的。人體的重心，不像物體那麼固定，而是依血液循環、呼吸和消化過程而移動，隨時會產生一定的變化。吸氣和

呼氣，對站樁影響較大。因而，站樁時身體的重心
在一定範圍內，經常不斷地向各個方向微微擺動，
這是練習過程中的正常現象。

渾圓樁功演練歌訣如下：

> 一升一降領氣轉，風吹欲倒身搖擺。
> 身如乘舟入大海，升如起飛落如雁。
> 上虛下實足抓地，遍體常有輕鬆感。
> 平踏振動悠悠然，足立平川勢如山。

四、開合樁功演練法

開合樁的站立方法與寬度和渾圓樁相同，雙臂
前伸形狀也相同。對身體各部位的要求和要領與前
勢皆相同。所不同的是，此勢雙手中指相接，雙掌
心向內，眼輕閉。

（一）開合樁的演練方法

【第一式】吸氣，兩臂隨著吸氣逐漸向身體兩
側外展開，在外開的同時，身體隨著吸氣略向上
升，胸腹內收，五臟六腑俱開。肚臍與命門側有合
拍之意。兩臂展開的距離，要先小後大。因開始站
樁吸氣較短，切不可勉強，在演練過程中逐漸自然

加大吸氣、舒張量，最後達到吸氣、舒張所需位置為宜。但需要說明的是，在吸氣外開時，意念中雙掌心有向內吸氣感，兩手中指尖有一股氣體如膠似漆地相連接，此時宜慢不宜快。

【第二式】接上式，呼氣內合，呼氣時身體隨著下蹲，兩肘下沉，雙掌塌腕，兩掌心成窩形，周身鬆弛，肚臍和命門脈向外鼓盪，含胸、塌腰、束肋、五臟俱蓄。在意念中，此時有一股氣流從雙掌心中放出，好像難以聚合一般，此時宜慢不宜快，逐漸有意識地引導氣流向外放射。演練開合椿功，主要在於增加下肢的力量和促使肚臍及命門的收放功能，並使下盤穩固，也有助於練拳時鬆靜掌握和呼吸的調整，對增長內氣，促使氣布周身有一定的積極作用（圖4-6、圖4-7、圖4-8）。

圖4-6　　　　　圖4-7　　　　　圖4-8

（二）心、意、氣的關係

開合樁與內三合是直接關聯的，所謂內三合，即心與意合、意與氣合、氣與力合。

（1）心與意合

是指思想上的念頭和意識的實施取得一致，如雙手向外開時，在心理上要確信氣感在手，才能按照鍛鍊的要求起變化，收到良好的效果。

（2）意與氣合

即以意行氣，演練樁功時氣隨著自己的意念而活動。這裡所謂氣，是指出入肺部交換的新鮮空氣和隨著自己的意識在體內運行的內氣。始而不覺，久之自能感到氣隨著自己呼吸的節奏在體內運行，這叫「中氣內行」。

（3）氣與力合

就是當氣下降時，周身五臟六腑皆隨之鬆弛，如氣上升時，則周身五臟六腑要隨之略緊縮，氣與力的活動要配合一致。如要達到呼吸悠慢細勻的要求，必須使出柔和的力量才能和意志相得益彰。

這裡所說內臟的鬆緊，包括肋下隔肌、胸、腹、背等部位的肌肉及臟腑的活動，尤其是隔肌上下有規律地大幅度運動，在開合樁中佔有重要地位，也是樁功中的主要要求之一。其主旨是靠意念

調動肌肉的運動去刺激神經系統，形成條件反射，使那些不隨意念運動的肌肉也在不同程度上活動起來，逐步達到隨心所欲，內氣在意念的引導下在體內沿著所需路線運行的目的。

五、三體式樁功演練法

三體式的核心內容是引進前按法。具體演練方法是：

【第一式】兩腳先平行站立，然後右腳向體前上一步，同時雙手右前左後立掌豎於右腿上方，繼而重心前移，左腳、右膝微外擺，襠開圓，成側身弓步狀態（圖4-9）。此時先閉目做幾分鐘靜養，意守丹田，然後睜開眼睛，遠視前方一物體、樹木、草坪即可。繼而吸氣，重心後移，在吸氣時應注意眼睛內收，即內含吸感，兩手勞宮穴內收，同時手指有抓氣內收之形，肚臍與命門隨著吸氣內收相互合拍。吸氣的長短，要求與移重心的速度相

圖4-9

　　　　　　圖4-11

互配合。待重心完全移至左腿時，周身蓄合以成欲推之勢，將吸進身體內的外界新鮮空氣隨著津液咽下，經中丹傳入下丹田，稍加煉製，隨著動作前移，再徐徐呼出（圖4-10）。

【第二式】在氣注入下丹田的同時，周身腰勁下塌，要有欲開先合之意，在呼氣、重心向前移動時，胸腰有一個折疊合勁，然後雙掌再隨著呼氣，向前徐徐按出。週而復始，左右循環演練（圖4-11）。還必須堅信椿功的要領——三心，三心指信心、決心、恒心，只有堅信椿功的好處，才能持之以恆。練功者樹立三心，才能真正練好椿功，早日達到預期目的。

　　練好椿功是練功者所關心的一件大事。相關的因素雖然很多，但樹立三心是最重要的一環。只要

主觀努力，信心十足，堅信不移，下定決心，刻苦練習，每日不輟，持之以恆，就能收到自己預想的效果。反之，三心二意，半信半疑，猶豫不決，三天打魚，兩天曬網，就不會有理想的收效。在這裡，信心是先決條件。有了信心，才能下決心，有了信心和決心，才能產生恆心。信心從何而來呢？信心來源於實踐。

初練樁功的人，由於練功時間短，感悟不出其中的奧妙，就持懷疑態度。待練一段時間後有一定收效，嘗到了甜頭後對樁功才會樹立信心。此後可能還會再次反覆，再克服困難，信心就會更足了。總之，要求練功人在練功初期就先樹立起三心，以後再經過長期的實踐和研究，多次反覆後，才能真正牢固地把三心樹立起來。

六、纏絲樁功演練法

演練纏絲樁功產生的纏絲勁是陳式太極拳的核心內容。所謂纏絲樁，是在樁功的基礎上，運用纏絲勁兼施並練之意。

（一）纏絲樁功的演練方法

【動作一】先出右腳向體前上一步，重心前

圖4-12　　　　　　圖4-13

移，在右腳前上時雙手同時右前左後向前伸展吸氣，此勢和三體勢出手不同的是，雙手外掤成欲捋之勢。右手指向左，左手指向右，雙掌心皆向正前方，此時胸隔肌舒張，以腰為界，上下形成對拉之勢，這樣既不失上掤勁，又可做到下盤穩固（圖4-12）。

【動作二】接上式，右腳蹬地，鬆左胯，重心左移，雙手隨著移動變半握拳，左逆右順纏向下，在移重心的整個過程中，都要沉肩、墜肘、轉腰、旋背、撐襠。待左手捋到身體中線時，兩臂開始放鬆，吸氣，身體略下蹲，在下蹲的同時左手在腹前順纏轉一小圈。在左手旋轉的過程中，右手內合與左手相交，左裡右外，嚥一口氣隨津液而下，經中丹注入下丹田。此時周身內外正好蓄合，形似欲開待發之勢（圖4-13）。

圖4-14

【動作三】接上式，鬆右胯給左胯，重心逐漸向右移動，雙拳隨移重心變掌，右前左後掌心向裡，隨著移重心呼氣漸漸向前掤、擠而出。

待掤、擠到一定位置時，再變成向前搭手勢，週而復始，左右循環兼練（注：所謂掤、擠，其中有兩種含義，側向為擠，正向為掤，圖4-14）。

（二）纏絲椿功的自然呼吸和目的

（1）在椿功的演練過程中，一定要做到呼吸自然，長短相宜，才有技擊收效和利於身體健康。有的人在椿功中不加注意，呼長吸短，或者呼短吸長，都是不正確的。

呼長吸短者為「陰盛」，呼短吸長者為「陽足」，二者均不適宜。只有出入氣息長短相等才是正確的。所以，練椿功的最基本原則就是有意的自然呼吸和意念上的技擊配合，才能不會產生偏差和副作用。

（2）掌握好自然呼吸的基本要領後，應加大呼吸量，對呼吸深長應該進一步嚴格要求。成人的正常呼吸是每分鐘16～20次（一呼一吸為一次），練太極樁功經過一段時間後，可以逐漸把呼吸變成慢長。例如，每分鐘7～10次，漸而進一步每分鐘5次，甚至可以減少到每分鐘2次或1次。

深呼吸的目的是為了促使肺部每個小細胞都全部參加活動，進而擴大肺呼吸量，使外來的新鮮空氣與肺小泡毛細血管加大接觸面積，以便有利於二氧化碳的交換，促進身體的新陳代謝功能。

（3）意氣兼修，周身貫通。太極樁功達到相當的程度後，就會感到全身重點關節氣脈一次貫通，這是樁功初步成功的表現。但這種現象是長期積累的結果，不是幾天或短時期能達到的。

所謂關節氣脈全通，在樁功術語中叫做作「任督二脈相通」。中醫有「奇經八脈之說」，任督就是其中八脈中的二個。

任脈起於舌尖，經丹田至會陰，接督脈；督脈自會陰經尾閭關、夾骨關、玉枕關，通達百會，然後沿兩耳平頰旁而至上齶，與舌尖相接，將氣下注丹田，此為陰陽循環一小周天。

（4）大周天是建立在小周天之上的，只是氣息延伸到下肢。大周天氣是由足下湧泉拔起，順兩腿

後側而上，所經路線同小周天。只是氣歸丹田後順兩腿內側而下降至湧泉為一大周天。具體的演練方法皆同小周天，所不同的只是呼吸更加悠、緩、細、勻，吸氣時更加安靜，綿綿深長。總之，對呼吸的要求更嚴格，全身放鬆，百脈皆開，五官內斂，意氣按運行路線運行。

七、五樁還原演練法

五樁還原又叫收功，五樁還原的具體演練方法是，待第五動纏絲樁雙臂向外掤擠完畢時，雙目閉合吸氣。

【動作一】重心漸漸移於左腿，繼而收回右腳，兩腳間的距離與兩肩同寬，在腳回收的同時，雙臂隨之內收，兩手疊置於腹前。然後將氣隨津液咽下，漸沉入中丹，注入下丹田，稍加斂養後再徐徐吐出（圖4-15）。

【動作二】接上式，繼而吸氣，同時雙臂由兩手拇指領勁向身體兩側分開，雙手指尖斜下，掌心

圖4-15

圖4-16

圖4-17

向外（圖4-16）。

　　繼而小指領勁，然後雙臂由兩側向上抬起，變雙手指尖朝上，兩掌心相對。此時周身在放鬆的基礎上，全身略向上提，使周身各部位關節張開（圖4-17）。

　　然後雙掌再變拳，隨著身體下降，雙拳落於兩耳旁，漸至兩肩前側。在身體下降的同時，將氣和津液嚥下，注入下丹田（圖4-18）。

　　【動作三】接上式，身體繼續下蹲，雙拳變掌，隨著身體下蹲，兩掌向兩側隨

圖4-18

著呼氣，漸漸向兩腿外側徐徐下按，到呼氣完畢時下按止（圖4-19）。

　　然後再吸氣，身體漸漸向上，繼續向兩側分開，再向上抬，週而復始，連續做6次為宜。收功完畢後將舌尖離開上齶，再慢慢睜開眼睛，兩手合掌摩擦加熱。之後可分別在面部、頸部、胸部等周身各部摩擦一遍，由摩擦加熱，達到鬆筋活絡、筋肌放長、增加內氣生成之目的（圖4-20）。

圖4-19

圖4-20

第五章

臀襠訓練

一、臀部訓練

太極拳對臀部的要求十分嚴格，要求做到尾閭中正，收泛自然，以免在運動中臀部左右亂扭或向後過於凸出，使臀部失去自然上泛和下垂的狀態。

有些初學太極拳的人，有時故意把臀部內收或有意上泛，這是不正確的表現。如前收過度，姿勢會顯得既不美觀，又僵硬呆板，不僅破壞了身體的中正自然，對自然呼吸也有一定的影響，嚴重地破壞了周身上下氣的流通，而且對下肢的重心穩固也有一定的影響。

練拳和推手中的收臀或泛臀都需根據具體情況而定，決不能千篇一律，呆板死守。如走架子懶紮衣一式，在周身關節和肌肉放鬆、氣沉丹田時，臀部應當自然略上泛，腰部下塌，氣才能暢通無阻地下降至丹田。如果這時臀部前收過度，勢必影響

塌腰和氣下降，氣便不可能由兩腿分股下降至湧泉穴。換言之，如在推手時對方捋我，我先鬆沉而後發背靠，這時必須收臀，因發勁時勁起於腳跟，形於腿，達於所需之力點。這時臀如上泛，就會影響發擊氣專注一方，不便於轉化催發。

但是收臀也是在一剎那之間，繼而將氣鬆降下來。因背靠只是一合一開，像閃電一樣的反彈性發力動作，開合只在一秒之內完成，所以在氣上行發力的同時，先含胸屈膝下蹲，繼而利用腳蹬地的反彈力來助長身體和氣勁上行催發的爆發力。這時若沒有收臀協助，發力則不速，氣下降也不速，不速氣易擁於胸表，對於下盤穩固和身體健康皆無益。

演練者在練習過程中應多加思考，反覆實驗。若不能正確掌握臀的演練方法及注意事項，就不可能把練拳和推手引導到正確的軌道上來。

二、襠部訓練

所謂襠，是指兩胯根部。若要開襠，兩腿根必須鬆開撐圓，腰胯才能旋轉自如。如果胯部呆板，旋轉則不靈活，在練拳和推手中，勢必受到影響。

襠的開合，虛實變換，直接關係到演練者全身的靈活性和重心、速度的變換；襠的沉穩有力，關

係著演練者的體力和耐力的發揮；襠勁的虛實變換也是調整動作的進退、快慢的尺度，增強爆發力的關鍵。在練拳或推手中掌握好襠勁和姿勢，有利於腰腿的虛實靈活，下盤穩固，增強功夫。所以，無論是練拳或推手，在不得機、不得勢時，皆由腰襠調之。

陳鑫說：「靈機一動鳥難飛。」這就是說腰襠的開合是助長發力的關鍵，襠合時周身則合為之引，襠開時周身則開為之放。

由此可見，襠在練拳或推手時，是蓄、合、引、放之首。雖對襠的要求比較嚴格，但對提肛也不可不加重視，在這裡簡略闡述，望加以注意。

在很久以前，人們就認識到肛門和會陰部分是人體比較薄弱的環節之一。在人類脫離四肢爬行，發展到起立行走後，會陰軟組織對腹內臟器承托負擔加重，而且靜脈血回流到心臟較為困難。因此，古代人們提出「地門長閉」（指經常鍛鍊收縮肛門）的觀點是極其可貴的，主張採用積極的鍛鍊方法來改變人體的這一薄弱環節。

但在太極拳運動中對肛門的收縮一定要自然微收，決不可向上硬提，若硬上提，氣則上逆。自然上提對於痔瘡、脫肛、子宮脫垂等疾病治療效果顯著。為使演練者在練拳或推手中能夠正常運用

提肛，掌握襠的正確姿勢，下面對圓襠、頂襠、尖襠、膛襠做一簡單介紹。

（一）圓　襠

圓襠是指開襠貴圓，無論步法是三七開或四六開（兩腿承擔身體重量的比例），襠必須開圓，如單鞭一式，陳式太極拳老架套路是三七分，就是十分重量，左腿擔負七成重量，右腿三成。要求左實腿，膝下豎直，關節上下對齊，右腿根放鬆，膝外擺，於襠內扣構成開合勁。

這時腿膝外迸但襠即內合，腿部的支撐力才能達到支撐八面，襠才能達到「開中寓合」「合中寓開」「開襠貴圓」之目的。開襠貴圓能使下盤穩固堅實，無論是左旋右轉，都能達到轉關靈活。

（二）頂　襠

所謂頂襠，就是指一腿頂住不放鬆之意，這是初學者所犯的通病。例如單鞭一式，在成勢將終時右膝應外擺，襠根放鬆，右腿外迸，隨身體下蹲而漸漸下沉，在外擺的同時促使襠開圓，達到兩腿勁能支撐八面。但頂襠則相反，有的人在初練時不知鬆胯，一直把右腿根頂得緊緊的。你如果強調他放鬆，他就把身體下蹲，把身體重量三七開分成改為

四六開或五五開分成，馬步往下蹲，這就談不上什麼開合襠勁了。

在教學當中，應改變一下老式的傳統教法。以前的傳統教法是把一套拳一招一式練完之後，不管正確與否，讓演練者自己慢慢地去體會其中的道理。太極拳在各個時期的練習方法有所不同，應當在初學時儘量減少那些錯誤練法。一般來講，老師身邊的徒弟較多，學習成績有好有壞。

這是由人的接受能力和個人的先天條件、下工夫的多少等原因造成的，而不是老師有偏見之過。在徒弟中有些人熱衷於教幫別人，不用老師說話他即可一招一式地往下教。他的做法是想讓老師多休息，出發點是好的。學者也感到學得很起勁，記得清，學得速度快，滿心歡喜。

常言道，教拳容易改拳難。由於開始學的動作不規範，練習時間長了再去改正就特別困難。因他對練習的錯誤動作在思想上已根深蒂固，你再把他糾正到正確的道路上來，他感到十分彆扭，頂著襠練習還自感舒適，久而不能改正，這就是頂襠形成的原因。演練者在學習中應多加注意。

（三）尖　襠

所謂尖襠，就是兩胯根緊而不鬆，襠成Ａ字

形，在練拳和推手中襠又不下塌，更談不上圓襠。弓步也不明顯，在步法上產生不穩固現象，上重下輕，左右搖擺，立腳不穩。這對年老體弱者單練，從健身方面著想還是可以的。如對青年人，要求上進、求技擊是不行的。有的人也不是不想把襠拉開、低塌，而遇著兩腿不舒服，有酸痛之感，唯恐練出毛病，站立得很高，變成尖襠，久而自然，自感舒服。這樣長期練下去是不行的，練習太極拳下肢分清虛實是必然的。

由於身體的重量大部或全部經常由一腿負擔，而且腿還要彎曲下去，此一式過渡到另一式的變化很緩慢，時間拉得又很長，因此增大了下肢肌肉的負荷。對於初學太極拳的人來講，腿上產生酸痛是難免的，長時間練習長拳的人感受更深。

開始練習太極拳感到兩腿酸痛，如果自己沒有耐力，就學不好太極拳。這好像久練太極拳，剛開始學習推手一樣，透過雙方的一場拼搏，當時只覺得兩臂和腿有點酸，等稍加休息後馬上就感到周身肌肉酸痛。這是由於沒有經由大運動量訓練，局部毛細血管拉傷造成的。

此時不要怕苦，只要堅持長時期的鍛鍊，身體變強壯，血液循環改善，增大肺活量後，肌肉的酸痛就會漸漸減輕。即使運動量大些，肌肉酸痛也會

減輕，而且恢復得也比較快。所產生的這些問題，都是生理上的正常現象，待練習到一定程度之後，這種情況就會自然而然地消失。

所以，在學習太極拳和推手時要把襠拉開，開襠貴圓，不要怕吃苦，不要怕痛，防止尖襠在練拳和推手中出現。

（四）膛 襠

所謂膛襠，就是把兩腿開得太大，超越了練拳重心分成、低襠下塌的極限，兩腿前進後退，左旋右轉不靈，失去了自然的彈性為膛襠（也叫塌襠，這裡所指的塌襠並不是自然下塌，而是倒塌之意）。

我們知道，太極拳是一項全身運動，周身在放鬆的基礎上，能夠得到全面的鍛鍊。它不但適合於不同年齡、體質和性別的人練習，也適合長期從事腦力勞動和體力勞動的人練習。但是練習的方法必須得當，開始時身體應由小而漸漸放大，這和練習太極招式開始時有所不同。

太極招式是由大而小，由小而漸無（極小的意思），但對襠開的要求應該是開始先高一些，漸而放大。但是練推手不能有膛襠出現，如果長期膛襠練習，對膝關節有害無益。前面已經講過，由於在練拳時，兩腿的負荷較大，如把架式拉得很低，兩

腿的負荷更為加重，肌肉經常處於緊張狀態，漸而使腿部血液循環不良，特別是對膝關節各組織內的神經帶來很大刺激，使腿部的肌肉中血液得不到供應和改善。

如果長期膛襠練習，就會發現腿沉重和膝關節痛。當然在演練中也會有個別動作出現這樣的大身法，但這不能說整個套路都是這樣。

例如，斜行中的七寸靠，這一動要肩離地面七寸為宜，但這時腿部的重壓只在一瞬間就過去了，可及時得到恢復，所以這樣的練法是可以採用的。

總之，膛襠在練拳和推手中長期出現，對健康和技擊有害而無益。要做到始而小，漸而大，適宜身體條件和健身技擊要求，以不傷害身體為準則。

第六章

陳式太極拳推手的種類及 手型、步型、手法、步法

一、推手的種類

　　陳式太極拳推手有八種之多，這裡只介紹通常採用的八種推手手法及簡單用法。因推手中的雙方進招變化是相輔相成的，由攻變守，然後再由守變攻，如甲方肩靠進招，乙方可先按勁然後用肩靠迎之。乙方如進迎門靠，則甲方可用胸靠反擊。

　　總之，其變化無窮，千言難述其妙，愛好者可知其一二，舉一反三，深入研究，逐漸掌握其奧妙與規律。

　　陳式太極拳推手分單手挽花、雙手挽花、立圓和平圓、合步（定步）進一退一（順步）大将、亂採花以及進三退三、進五退五等。

　　其手法有單推手、雙推手、旋腕與切掌。定步為掤、将、擠、按四正手。順步和大将為採、挒、

肘、靠四隅手，運動中四正手也隨時可出正變隅手，隅手也可隨方就圓，切不可呆板。但初學者可先遵照規則練習。

其步法有定步、活步、連進連退、連環左右旋轉、插步、雙腳並步、獨立步、點步等。

二、推手中的手型

（一）立　掌

一臂側向平伸，屈臂內合約45°，掌心向內。四指靠攏，指根節放鬆略有內合之意，拇指緊貼四指略內合，使掌心形成略窩形，五指皆朝上豎起。立掌在推手中應用於開始搭手，或雙方互被捋後提腳後退時，時而變為立掌。

但此種手法在運動中是不停留的，多用於亂採花中順逆旋轉逼壓，滾拴搭掃時應用也較多（圖6-1）。

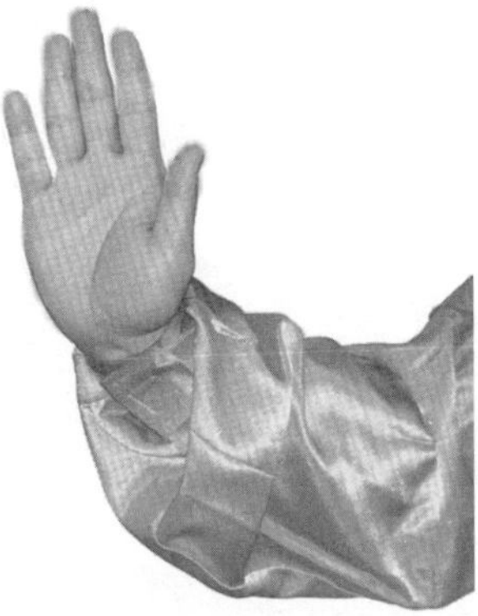

圖6-1

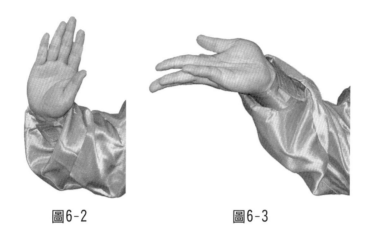

圖6-2　　　　　　　　圖6-3

（二）切　掌

一掌外沿直向下或略向前下切為切掌。切掌時要隨著身法下蹲、含胸、塌腰、沉肩、墜肘、坐腕、鬆指一氣呵成，勁才能直達掌外沿，力點才能清晰（圖6-2）。

（三）瓦壟掌

一般用於順纏引進較多，如單手挽花搭手後，向下和向外旋轉時，小指逐漸領勁內扣與拇指相呼應。其餘三指略向外翻，使掌心變成瓦壟形。另外，如彼捋我時，我隨著彼動順纏手向前上穿掌時此掌變為瓦壟形掌。瓦壟掌掌形好像房上的瓦一樣，兩邊高，中間低（圖6-3）。

（四）斜托掌

所謂斜托掌就是不上不下隅角托出。斜托掌如雙方單手平圓旋轉時，一方領著彼順纏而內旋至身體出手一側時，由順變逆的一瞬間為斜托掌。

另外，在大将的過程中，搭在大臂中節的手，雖是勁搭掌根，但掌形是斜托掌（圖6-4）。

圖6-4

（五）插　掌

所謂插掌就是五指微併攏向上、向下或斜下直插，插掌分上插、下插、斜插。插掌在推手中應用比較廣泛：

其一，在雙手立圓旋轉時，雙手下插，然後外分為插掌；

其二，四正手彼将我時，我被将一手先向下插順纏，然後隨沉肩墜肘，逐漸擠向對方，此種手法為斜上插；

其三，順步；

其四，亂採花插掌皆同四正手用法（圖6-5）。

（六）八字手

拇指和食指叉開後形成八字形，故曰八字手。此種手法多用於擒拿和單推手平圓之中。如我領著彼手順纏至胸前時，彼按住我手，我即用中指、無名指、小指螺旋蜷曲，拇指和食指正好形成八字形，隨著鬆腰向外旋轉，以八字手法將對方勁力化空。運用這種手法具有力點清晰、滾動靈敏之特點（圖6-6）。

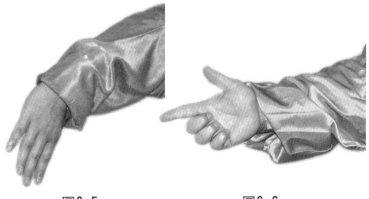

圖6-5　　　　　　圖6-6

三、推手中的步型

（一）前弓步

要求全腳著地，腳尖微內扣，兩腿屈膝半蹲，大腿接近水平，膝略內扣，與腳尖基本垂直。另一條腿屈中求直，膝蓋微外翻，有支撐八面之意。腳尖向裡微扣斜向前，腳掌全面著地，湧泉穴要空，襠形成開中寓合（圖6-7）。

圖6-7

（二）後坐步

是由順步推手過程中前弓腿重心後移形成的。待重心完全移於後腿時，前腿略蹬直，兩腳平踏於地，後弓腿膝蓋略超出腳尖，五指抓地，湧穴要

圖6-8　　　　　　　　　　圖6-9

空，穩固好重心，這樣在運動中另一條腿才能順利地提起（圖6-8）。

（三）前點步

這裡是指腳後跟點於地上，腳尖翹起約45°。前點步在推手中運用較為廣泛：

其一，如平圓推手，對方將一臂或一手按到身上任何部位，我即重心後移走化，在重心後移走化的過程中，前腳尖可翹起，此時腳後跟自然點地，故曰點步；

其二，順步、大捋、亂採花等皆用前點步（圖6-9）。

（四）後點步

適用於順步、大捋、亂採花三種推手之中。如

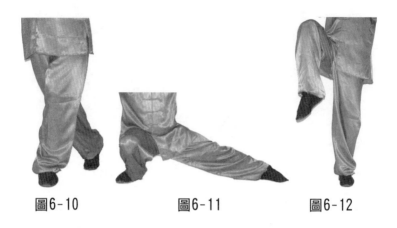

圖6-10　　　　　　　圖6-11　　　　　　　圖6-12

對方捋我後，我即重心後移，繼而提前腳向身後撤步，此時須腳尖先點地，然後腳掌、腳後跟踏平著地，故曰腳向後撤點地時為後點步（圖6-10）。

（五）仆　步

仆步在推手中只應用於大捋之中，如彼大身法捋我時，我則大身法鋪地，弓腿大步基本貼近地面，形成仆步狀，故曰仆步（圖6-11）。

（六）獨立步

它適應於順步、大捋、亂採花之中。在運動中無論是前進還是後退撤步，一隻腳提起，則另一隻腳屬獨立步（圖6-12）。

四、推手中的手法

（一）順　纏

所謂順纏是螺旋纏絲之意。順纏是由外向內旋轉，是以小指領勁由外向內旋轉，小指在內含時與拇指相呼應，其餘三指略有外翻之意。

順纏絲的纏法是以手隨肘，以肘隨肩，以肩隨腰，達到順纏引進之目的。

但是有時順纏也會突然隅手發擊，有時也有順引順擊，如背折靠一招，彼捋我時即順纏合勁擠進，在擠的過程中我可發靠於彼，此叫順擠順發。總之，在運動中要看方位、角度靈活運用，手法不可呆板（圖6-13）。

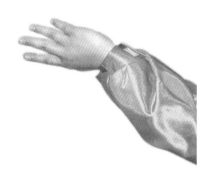

圖6-13

（二）逆　纏

逆是順的反面，所以可叫逆行外纏絲。其勁主開。逆纏時以拇指內合領住小指相呼應，其餘三指略外翻。纏絲法勁起於腳跟，行於腿，纏於腰肩，經肩胛骨縫入骨髓，然後再由內形於外至兩臂，達手指與肌膚毫毛，順纏歸原。逆纏外開時以腰催肩，以肩催肘，以肘帶手（圖6-14）。

圖6-14

（三）順　逆

坐腕是在先順纏接著變逆纏的過程中逐漸坐腕。如單手平圓旋轉時，我先出右手領對方順纏向我左側轉，變逆纏下落，直至由左下旋到我右肋處變八字手之前皆為坐腕。坐腕時力點在掌根，但應注意坐腕時隨身體下蹲，只有含胸、塌腰、沉肩、墜肘密切配合好，才能達到坐腕清晰（圖6-15）。

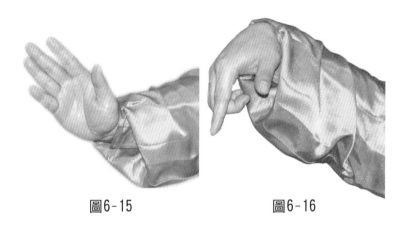

圖6-15　　　　　　　　　　　圖6-16

（四）刁　腕

　　多用於逆纏變順纏的一瞬間，由順變刁手。刁手是先由小指、無名指、中指向下垂直的同時腕部內合，使三指與腕部構成合勁。拇指與食指成八字手法。此種刁腕手法有兩種作用：

　　其一，自己練拳的功夫不深，與彼在推手中收不到沾黏效果，時有相互脫離丟勁之錯，故輕刁住對方讓其隨著己動，逐漸鍛鍊「聽勁」和「沾黏勁」。如在單手平圓旋轉時，我以右臂前伸，以逆纏向身體右側旋轉，待旋轉至90°時變順纏刁住對方手腕，隨即可拿住對方。

　　其二，在四正手法或四隅手法中，凡出現雙方有挒的時候皆有此種刁腕手法出現（圖6-16）。

（五）順纏揚掌

有裡揚和外揚兩種，多用於四正手推手和四隅手推手之中。

其一，如彼将我右臂，我先逆纏鬆插，然後順纏擠進，手隨擠進順纏上揚，此時掌心向裡上，故曰為裡揚掌。

其二，如我領著對方向後撤步時，我逆纏先起掌將對方領起才有隙可乘，但我卻是開中有屈，屈中有張，此時掌心向外上，故此屬外揚掌。總之，無論裡揚或外揚都須與周身相配合，因揚是開，所以開中必須身合，這是相輔相成的，演練者在實踐中務須留心（圖6-17）。

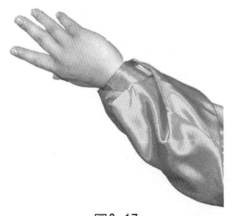

圖6-17

五、推手中的步法

（一）上　步

上步是指演練者抬起一腳向前邁出踏地。上步時屈膝下蹲，五指抓地，然後欲邁之腿才能輕靈地向前邁出。發步時猶如靈貓撲鼠，先蓄而後發，出腳時要輕靈，有探聽之意，腳後跟先著地，然後逐漸踏平，方可有備無患（圖6-18）。

圖6-18

（二）退　步

指一條腿向後弧線退出或連續後退。退步時實腿屈膝下蹲，蹲的程度如何，根據退步的大小而定。大步後退，身法就需下蹲低一些，若退小步可高一些。只有掌握好這些要領，欲退之腿才能輕靈

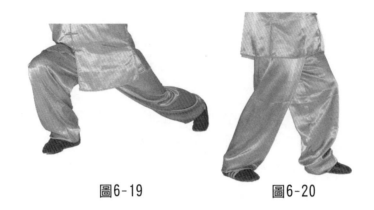

圖6-19   圖6-20

地向後退出。但這些都要根據每個人的身體狀況而定，因人而宜，不可勉強（圖6-19）。

（三）跟　步

跟步也可叫墊步，也就是一步探不著，二步用不完，跟一小步（或曰墊一小步）方為合適。跟步在推手中應用於四正手、大捋、亂採花之中。此跟步（墊步）的主要目的是為了更加靠近對方，在技擊應用時不易讓對方跑掉。但應注意跟步（墊步）是在對方不知不覺中完成的。

這在推手中稱為迭法。所以古人云：推手要想達深妙，不懂迭法枉徒勞。由此可以看出，在推手時運用跟步尤為重要（圖6-20）。

第七章

單人推手演練法

一、單人推手簡介

單人推手是不進行對抗性實戰的一種單獨演練形式，對提高動作靈敏和周身反應能力都有積極的推動作用。它既能演練身法速度，又能鍛鍊技擊能力。在身法方面始而高，漸而中，再而低，但也應根據自身條件而定，不可千篇一律。在速度上始而慢，漸而快，再而疾。在這方面應注意對不同的演練方法，做到慢而不滯，快而不散，疾而不亂。換言之，就是慢練的時候不要呆滯丟勁；快練的時候不要忘記周身內外六合，變得散亂無主；疾的時候要做到周身上下一致，不丟不頂，圓轉自如，一動周身無有不動，一靜周身百骸皆隨。

在單人推手中要以意念貫穿始終，兩肩胛骨鬆開，不可呆板僵直，做到機動靈活，隨勢而動。在意念旋轉中如親臨抵敵之境，此起彼伏，此伏彼

起，上下一線貫穿，才能增進鍛鍊興趣。

總之，只有在單人推手時練得周身圓活順達，靈活多變，在雙人對抗性推手時才能得心應手。演練者應多思久練，領會真諦。

二、單人單手平圓挽花演練法

（1）要求立正姿勢站立，兩腳微外擺，略成八字形，雙臂自然下垂，兩手貼於兩邊褲縫。頂勁自然上領，頸豎直，眼視前方（圖7-1）。

（2）接上式，鬆胯屈膝，身體隨之微微下蹲，漸漸重心移於左腿，腳五趾抓地，湧泉穴要空，右腿隨著重心左移鬆胯提膝，腳尖略下垂，此時形成了左腿獨立式（圖7-2）。

（3）接上式，頂勁領起，左腿繼續鬆胯屈膝下

圖7-1　　　　　圖7-2

圖7-3　　　　　　　　圖7-4

蹲，胸微內含，小腹微內收，獨立步才能穩固好重心，另一條腿才能輕靈向前邁出。在重心左移、屈膝下蹲的同時，右腳向右前方邁出，腳後跟逐漸著地，腳尖翹起，落地時要注意輕靈，有探聽之意，以免踏空。只有這樣在平時養成習慣，在雙人推手時才能進退靈活自如（圖7-3）。

　　（4）接上式，重心漸漸移至右腿，成右弓步，在重心前移的同時，右臂隨移重心向右前方伸出，然後內屈45°左右，此時沉肩、墜肘、塌腕，揚指成立掌。在右手前伸的同時，左手上起叉於腰間，拇指在後，四指在前。在以後的運動中，左肘尖與右手做到相互配合，互相呼應（圖7-4）。

　　（5）接上式，在意念中我以右手領住對方，向身體左側順纏旋轉約90°。在順纏旋轉中鬆左胯，

圖7-5　　　　　　　　圖7-6

右腳內側蹬地，重心向左慢慢移動，在左移的過程中，右膝蓋隨手向內旋轉，與右手的旋轉速度一致（圖7-5）。

（6）接上式，由順纏變逆纏，繼續向左外劃弧約90°時，掌斜下至左肋前，掌心向下，手腕內折約45°，四指隨小指外纏與肘相呼應。右肱骨橫於腹前，肘關節處肱骨略外掤，與小指相呼應，這種手法主要是適應走化，下勢滾動靈敏。在右手左旋下引的過程中，重心完全移於左腿，此時左膝微內扣，其目的是為擴大走化範圍。在這種身法的情況下，右腳既可平踏，也可將腳尖翹起（圖7-6）。

（7）接上式，小指領勁繼續外纏，直至掌心向上，拇指和食指成八字形為止。在小指外纏的同時，身體微下蹲，胸微內扣合，繼而鬆右襠，右肱

圖7-7   圖7-8

骨隨腰向右旋轉，一齊向右滾動。待右手滾到右肋前止。但應注意，右手隨腰向外滾動時，拇指和食指外側為著力點。將對方按在我小臂或手上的著力點，在腰脊的協同帶動下，把彼勁引向我身體右側化出（圖7-7）。

（8）接上式，右手由順纏變逆纏向身體右側劃弧，約行至90°時，掌心向前下。在順逆變換旋轉的同時，重心由左向右移，此時右膝略外擺，螺旋前進（圖7-8）。

（9）接上式，由逆纏變順纏，再略向前伸，然後向左劃弧，轉到原搭手位置，掌和屈臂、弓腿都和原來起點搭手相同。在此360°的旋轉中，手法變換為順、逆、順、逆、順。也就是三順纏二逆纏。最後以順纏結尾。翻過來旋轉時和向左旋轉方

式一樣，只是手法不同，逆、順、逆、順、逆，是三逆纏二順纏，以逆纏結尾。這樣左右旋轉相等，週而復始，即可運轉。但要注意，在整個平圓旋轉過程中，都是以腰為軸心來帶動手臂旋轉，手領住勁，鬆腰肩，活手腕，重

圖7-9

心前後隨動而動。整體連貫相互呼應（上欲動而下自隨之，下欲動而上自領之，上下動而中部應之，中部動而上下合之）。總之，在演練過程中，要求逐漸達到一靜無有不靜，一動百骸皆隨，周身一家，渾然一圓。

【注意】右邊練習感到累時，可換左腳，出左手，旋轉方法皆同於右側（圖7-9）。

三、單人單手立圓挽花演練法

單手立圓的步法，重心的前後移動並不十分明顯，基本上始終以後腿為主，因單手立圓是上下左右兩側旋轉，在轉動時只略微移動重心即可，在鬆肩、旋腕的情況下，主要是依靠腰肩的帶動為主，

圖7-10　　　　　　　圖7-11

達到立圓的旋轉自如，來鍛鍊周身的纏絲勁及技擊
與聽勁。但在旋轉中身法起伏與手的翻轉幅度可逐
漸加大，對增加運動量較好，但也需因人而異。

（1）重心先控制在左腿，然後邁出右腳，腳後
跟先著地，逐漸踏平。右臂前伸可高於頭頂，內屈
45°左右，左手叉於腰間。左腿微屈下蹲，氣向下
降，眼視前方（圖7-10）。

（2）接上式，鬆左胯，身體左轉，右手順纏由
上然後向左劃弧約90°，掌心斜向後上，略帶引進
之意。需要說明的是，單手立圓不是直上直下，而
是隔角形的立圓，所以有引進之意，眼斜視右掌心
（圖7-11）。

（3）接上式，由順變逆纏，向下、向右上方劃
弧約180°，再變順纏90°回歸到原來搭手位置（圖

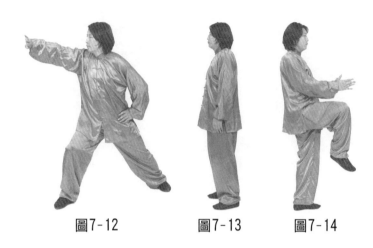

圖7-12　　　　圖7-13　　　　圖7-14

7-12）。

如反轉時先逆向右側劃弧90°，然後再順纏向下再向左外劃弧180°，掌心向左外，指尖斜上，繼而再逆纏弧線向上90°回歸到原來搭手位置。但要注意，單人單手立圓是在腰脊的帶動下，隨著身體的上下大幅度的旋轉，即可左右輪流練習。

四、單人雙手平圓挽花演練法

（1）立正姿勢站立，身體中正安舒，二目平視正前方（圖7-13）。

（2）接上式，兩臂上抬內屈90°，掌心相對，重心漸漸移至左腿，同時提起右腳，腳尖自然下垂（圖7-14）。

圖7-15　　　　　　　圖7-16　　　　　　　圖7-17

（3）接上式，左腿屈膝下蹲，繼而右腳向右前方邁出，在右腳向前邁出的同時，雙手豎掌於腹前，周身蓄合，形似蓄而待發之勢（圖7-15）。

（4）接上式，鬆右胯給左胯，重心漸漸前移，在移重心的同時，兩手向體前發推掌（**注意：發推掌時，由下向上斜線推出**），雙掌推到所需位置止，身體切莫前探，否則有失勢之危（圖7-16）。

（5）接上式，兩手徐徐向身體兩側分開，外分時重心漸漸後移（**外分時意念中有雙掌刁住彼雙腕之意**，圖7-17）。

（6）接上式，重心繼續後移，在向後移重心的同時，兩手向身體兩側劃圓，然後豎掌落於腹前，此勢同動作3。繼而再鬆右胯給左胯，雙手向前斜線推出，週而復始。

五、單人雙手立圓挽花演練法

雙手立圓挽花，無論兩手由內向上然後向外旋轉，還是由外向內然後向下旋轉，都是一順一逆一周。兩手從身體兩側向前而沒有斜上是逆纏，然後向兩側繼續逆纏外分。下落劃弧於身體兩側時繼續逆纏外分。下落劃弧於身體兩側與肩平時順纏向上劃弧，然後再順纏下落至兩肋前。總之，無論是由裡向外分，還是由外向裡分，都是先逆後順一周。重心由裡向外分時移前腿，向下合時移後腿，無論外轉內轉皆如此。

（1）預備姿勢要求與前立圓動作相同，提右腳向前上半步，兩手由身體兩側徐徐內屈90°提起與腰平，兩掌心相對，指尖朝前。在兩手提起的同時，含胸、塌腰、沉肩、墜肘，氣向下沉，左腳五趾輕輕抓地，眼視前方（圖7-18）。

（2）接上式，兩手順纏徐徐交叉，左手搭於右手腕內側交叉向前出手，雙掌心向裡。雙掌向前伸

圖7-18

圖7-19　　　　　　　　　圖7-20

時意念上要有雙手向前上托之意，先托後交，在前托的同時，左腳蹬地，重心前移，胸繼續內含，背微張，雙肘微內收，勁方能順利地到達雙掌外沿內側（圖7-19）。

（3）接上式，雙掌由順纏變逆纏弧線向上高於頭頂，掌心向前。然後再逆纏先上，繼而向身體兩側劃弧分開，兩手落到基本與肩相平。在上分的同時，重心向前移動，完全移於右腿。但應注意，兩手向外開時，先胸，然後肩、大臂、小臂、手，向兩側掤擊，兩臂猶如雙開弓，久練方能有意勁達之（圖7-20）。

（4）接上式，兩手在身體兩側左逆纏、右順纏，弧線向下，落於小腹兩側外，兩掌心相對，雙掌指尖有下插之形。但注意刁指方法與前平圓刁指

方法相同，只是平圓與立圓之別，故可參考平圓刁指法。在順纏下旋的同時，重心完全移於左腿，周身隨兩臂下旋而蓄合，以待再開。然後兩手繼續先順纏斜上交叉，與前欲分時的交叉相同，繼而上升外分，週而復始。或左右兩腿更換，雙手正反旋轉即可（圖 7-21）。

圖7-21

六、單人合步推手演練法

合步四正手的單人演練法，是建立在掤、捋、擠、按四正手基礎上的。演練時應視無人當有人。周身處處開張，求得旋轉自然圓活，手、眼、身法、步法要做到默契配合，運轉時需有實戰觀念。但應注意用意不用力方為合適。

（1）立正姿勢站立，基本要點與單推手要點相同。重心逐漸移左腿，提起右腳向前邁出，腳後跟先著地，然後重心由左向右移，右腳漸漸踏平。在移重心的同時，右臂向右側前方伸出，然後內屈45°，隨之左手橫向伸出搭於右大臂中節，右掌心

圖7-22　　　　　圖7-23　　　　　圖7-24

向裡，左掌心向前，拇指在下，小指在上，左臂有外掤之意，內側撐圓，眼視右前方（圖7-22）。

（2）接上式，鬆右胯，身體右轉，重心先左後右，右臂沉肩墜肘，右手順纏略向內折腕，待右手順纏到掌心略向裡變成擠勁時，左手也變逆纏向裡。此時左臂協助右臂一齊向右前擠出（圖7-23）。

（3）接上式，雙手逆纏上抬，左先右後。左手上提時，在意念中要有接住彼手概念，繼而上掤，然後復挒，同時右手隨之以掌外沿搭於對方大臂肘關節外（*此也皆屬於意念*）。然後再協同左手徐徐向我身體左側挒去，待右手挒至右乳房前止。在挒的過程中，鬆左胯，重心左移，眼視右手前（圖7-24）。

（4）接上式，鬆右胯，重心隨上動而右移，身

圖7-25　　　　　圖7-26

體右轉。在身體右轉的同時,左手有意識地將對方之手由左向下按,繼而外撥,待左手下按的同時,右手略逆纏並有向外撥送之意(圖7-25)。

(5)接上式,左手由撥變上提,然後協同右手一齊向前按,兩掌心相對,兩手相距約33公分,以雙掌外沿為著力點。此時重心向前移至右腿,眼視前方。左手按過後速回收搭於右大臂中節(同前開始搭手勢),然後週而復始旋轉,左右皆同。如果更換左腳在前,則右手掤,左手將協助右捋。擠的時候更換左肩擠,按的時候更換右手協助左手前按。

【注意】在運動中掤和按都是在一瞬間的過渡動作(圖7-26)。

七、單人順步推手演練法

　　順步推手的基本步法是一進一退，手法是掤、捋、擠、按四正手。在演練中每四手推過一圈為一進一退，進者為擠、按，退者為掤、捋。

　　(1) 我先出右腳，然後重心前移，在重心前移的同時，兩手以掌外沿一齊向身體右側前方按擊，在做按勁時左腳內側偏重蹬地，腰勁下塌，含胸塌腰，沉肩墜肘，催兩手前進，眼視右前方（圖7-27）。

　　(2) 接上式，按擊後，左手逐漸回收搭於右大臂中節，拇指在下，掌心向前。同時右手直接逆纏略下插，右肘略上翻，重心左移，右腳提起，腳尖下垂（肘上翻有欲開先合、蓄而待發之意）。但要注意，氣切不可上浮（圖7-28）。

　　(3) 接上式，左腿下蹲，右腳前伸，至合適位置為止，然後身體隨重心前移，右手順纏向上，以肩臂循序向前擠出（圖7-29）。

圖7-27

圖7-28

圖7-29

（4）接上式，擠後鬆左胯，重心向左移，同時右手逆纏上領，在右手上領時，右腳提起向身後倒步，先以腳尖著地，逐漸踏實。在右手上提的同時，左手先下

圖7-30

後上經左劃弧向前，與右手構成捋狀，眼視右前方（圖7-30）。

（5）接上式，鬆左胯，重心左移，在意念中將對方右手向身體左側送出（圖7-31）。然後速抬起，協同左手一齊向身體左側前按，按時以雙掌外沿為著力點，眼視左前方（圖7-32）。

圖7-31　　　　圖7-32　　　　圖7-33

（6）接上式，右手前按只是一瞬間的防禦過程，然後速逆纏收回，搭於左大臂中節，拇指在下，掌心向前（**右手左搭也是一瞬間的動作，繼而變挒，眼視左側**，圖7-33）。

（7）接上式，左手先逆纏、後順纏，向左下，然後向下劃一圈，螺旋抬起豎掌，與右手構成挒狀，兩手相距約33公分。但搭手欲挒時，周身以腰為界，上下形成對拉之勢，眼視左前（圖7-34）。

圖7-34

（8）接上式，右腳提起，先向右後退一小步，然後重心右移。在移重心的同

圖7-35　　　　　　　　　圖7-36

時，身體逐漸下蹲，雙手隨之由左向右捋，待左手捋到身體中線時止，眼視左前方（圖7-35）。

（9）接上式，身體逐漸上起，重心漸漸移向左腿。在左移的同時，右腳蹬地向前上步，同時，右手隨右腳前伸，然後內屈45°於身體右側前方。在上右步伸右臂的同時，左手以拇指在下搭於右大臂上，然後重心略向右移，眼視右前方（圖7-36）。

（10）接上式，重心繼續右移，在右移的同時，右臂鬆沉向前擠出。但值得注意的是，擠進時腰勁下塌，先左後右，眼視右前（圖7-37）。

（11）接上式，鬆左胯，重心左移，在兩臂向前擠畢的一瞬間，速變右手在前左手在後，一齊向身體左側捋，待右手捋到右乳房前止，眼視右前方（圖7-38）。

圖7-37　　　　　　　　　　　圖7-38

圖7-39

（12）接上式，鬆右胯，重心右移，在重心右移的同時，左手由上向下捋，然後向右外撥（*在意念中是把捋對方的手向右外撥出*），眼視右側（圖7-39）。

（13）接上式，左手向右外撥之後，速提起手向前按勁。此後手法同前順步推手按勁，翻右肘手下插，提右腳及右步前上發擠勁皆相同，然後再提右腳向後退步，週而復始（圖7-40）。

圖7-40

八、單人大捋推手演練法

　　大捋是建立在四正手掤、捋、擠、按基礎上的，然後發揮四隅手採、挒、肘、靠的技擊作用，這也是實習演練技擊運動的方法，透過這些演練，最後達到技擊歸真之目的。

　　大捋中的掤、捋、擠、按步法循環過程和順步相同（上下步），只是大捋的步法幅度較大。在大身法演練的前提下，去實習採、挒、肘、靠實非易事，只有具有練習太極拳的良好基礎和單人演練達到純熟後才能逐漸運用。否則大身法往下一蹲，周身皆變得僵直，豈能擊人，反把自己置於呆板受制之地，不擊自潰。故初學者要按照推手理論要求去做，先練拳，然後練單人五種推手法。待懂得基本手法和步法後，再去練習單人推手、合步、順步、大捋、亂採花等。

　　練習太極拳和讀書一樣，只有循序漸進，才能真正領悟太極拳和推手的理論。否則，功不少費，力沒少出，到頭來卻一事無成。在這裡對大捋不再重複，只作兩張大捋身法圖，供讀者參考。一是我捋彼的大仆步圖，二是彼捋我的大前弓步圖，其他和順步皆同（圖7-41、圖7-42）。

圖7-41　　　　　　　圖7-42

九、單人亂採花推手演練法

　　亂採花又曰散步，或曰花腳步。其有不拘方向，旋轉時靈活多變的特點。亂採花也是建立在掤、採、擠、按基礎上的，同樣是在雙方一上一下中來完成四正手的。在亂採花推手訓練中，應注意以下幾點：

　　（1）身法和步法要以小巧玲瓏、敏捷為基礎，在上步時隨彼的方向變化而靈活旋轉，以踮小步（跟步）來隨時調整自己的方向和角度，才能緊緊地沾黏住對方，使其不能逃脫，也不至於出現丟頂現象。踮步如圖7-43所示。

　　（2）由於步法小、速度快，在四正手的循環旋轉中，應適當把兩臂旋轉軌跡收小，進而來適應手法變化及步法上的旋轉。但不能只求快，以免在推

圖7-43

手中出現丟頂和散亂不成章法的旋轉現象。應做到快而不亂，輕而不浮，浮而不飄，沉而不僵。

（3）亂採花是雙方隨彼動而轉動，相互聽勁，得機得勢，誘敵深入來探知彼的過錯，從而使自己受到技擊實踐鍛鍊。在亂採花推手擊技實踐中，應以輕靈逼壓、上攏下提為主要探知方法，使對方隨時出現身體傾斜或被動挨打局面，使彼自不知之為巧妙，反覆實踐，進行知己知彼的迭法練習。迭法是極難做到的，只有在實踐中漸漸去體會方可漸而曉之。其步法和手法掤與順步大将皆同，只是身法高低不同。

第八章

雙人推手演練法

一、雙人推手簡介

雙人推手是相對於單人推手而言的。雙人推手有對練、對抗的特點。練雙人推手要注意互相配合，注意不同階段採用不同的訓練方法。

一、剛開始演練時速度要慢，逐漸變快；

二、姿勢由高而中而低；

三、動作由簡單到複雜；

四、由散手逐步達到沾、黏、連、隨。

雙人推手因為是兩人對練，所以對手的選擇比較重要，如果條件允許，最好選擇與自己功夫差不多的人練。但如果想進步得快些，當然還是找技術熟練的人更好。如果雙方技術都比較熟練，對練起來非常美觀，有「生命健美操」美譽。然而，推手畢竟不是「體操」，除了娛樂、保健功能之外，更有技擊和搏鬥因素，所以必須注意集中精力，隨勢

而動，如江河奔流，一瀉千里。如果說單人推手是
「以無人當有人」，那麼雙人推手的妙境是「以有
人當無人」，圓活自如，滴水不漏。

　　雙人推手是太極拳推手的精華部分，在以後的
各節中有詳細介紹，望讀者刻苦演練，掌握要領。

二、雙人單手平圓挽花演練法

圖8-1

　　【動作一】甲（穿淺色衣服者由長子王占海擔任，下同）乙（穿深色衣服者由徒弟張保忠擔任，下同）雙方面對而立，成立正姿勢，身體要端正，兩腳尖微外擺略帶八字形，雙臂自然下垂。兩人站距應以兩人各自伸臂兩拳相接為宜。雙方各視前方（圖8-1）。

　　【動作二】接上式，甲乙雙方同出右腳，逐漸變前弓步，兩腳之間要留10公分距離。在出腳的同時，雙方右臂立掌前伸，以鼻中為界。兩手立掌，手背互靠，指高與鼻平，雙方視兩手。在右掌前伸時，左手叉於腰間，也可隨身體轉動自動旋轉

圖8-2　　　　　　　　　圖8-3

（圖8-2）。

【動作三】接上式，甲方領著乙方由中線起，逐漸向甲方左側劃90°弧，繼而繼續逆纏90°落於甲方小腹前。在雙方劃弧時，甲方重心後移，

圖8-4

身體微下蹲，成合勁。乙方重心繼續前移，成單手按勁，雙方眼看著手（圖8-3）。

【動作四】接上式，甲方鬆右胯，順纏向右外劃90°弧，變逆纏90°到乙方腹前位置止。在甲方向右側劃弧的同時，乙方重心逐漸後移，手隨著甲方劃弧，然後引著甲方至腹前。可週而復始地運轉（圖8-4）。

三、雙人單手立圓挽花演練法

【動作一】單手立圓的預備姿勢與單手平圓相同，所不同的是搭手位置較高，具體要領這裡不再重述（圖8-5）。

【動作二】接上式，雙方搭好手後甲方順纏領著乙方先上然後向左側劃90°弧。上起時雙方同時身體向上起，繼而再逆纏向下劃90°弧時雙方身體下蹲，待劃到小腹前搭手上下垂直時止，此時雙方眼視前方（圖8-6）。

圖8-5　　　　　　　　　　圖8-6

【動作三】接上式，甲方鬆右胯，身體右轉，甲方逐漸逆纏領著乙方向身體右側劃90°弧，然後再順纏向上劃90°弧，回歸到原來搭手位置，甲方向右側劃弧時乙方鬆左胯隨著甲方右旋轉。眼視甲

圖8-7　　　　　　　　　　圖8-8

方右側，然後甲方再順纏、還原（圖8-7）。

四、雙人雙手平圓挽花演練法

【動作一】甲乙雙方以立正姿勢面對而立。然後甲乙雙方同時出右腳，腳跟著地，腳尖可翹起，重心在左腿。逐漸踏平成前弓步。甲方提起雙手豎於胸前。乙方出雙手前探，搭於甲方兩手外側。此時雙方皆有欲攻待守之意，但雙方搭手時各自腰勁下塌，含胸束肋，沉肩墜肘，眼視正前方（圖8-8）。

【動作二】接上式，甲方鬆右胯，重心繼續前移，在移重心的同時，雙掌逆纏前按至乙方胸前約20公分處止。甲方按時乙方聽著彼勁，重心逐漸由前向後略移，擴大甲方的按距。在後移重心的同

圖8-9　　　　　　　　　　圖8-10

時，乙方兩手順纏，以小指輕輕刁掛甲方腕部，以防甲方的突然進攻，緊緊沾著甲方，連隨不斷地將雙手纏收至胸前（圖8-9）。

【動作三】接上式，甲方先按後分，繼續逆纏，以雙掌外沿將乙方兩手向身體兩側分開與肩平。在甲方外分時，乙方聽著甲方的按勁和分勁的速度快慢，緊緊連隨著向兩側展開。注意在展開時舒胸（圖8-10）。

【動作四】接上式，甲方變順纏向內劃弧，重心後移，在劃弧時以小指刁住乙方雙腕部至身體兩側。在甲方劃弧時乙方隨著甲方旋轉，重心隨著劃弧前移，成弓步。然後雙方回歸到原來位置（圖8-11）。

圖8-11　　　　　　　　　　圖8-12

五、雙人雙手立圓挽花演練法

【動作一】甲乙雙方面對而立，然後同出右腳變前弓步，雙方兩腳內側相對，間距10公分左右，同出雙手立掌在體前相交，乙方雙手搭在甲方兩手外側，手高於眼，雙方眼視前方（圖8-12）。

【動作二】接上式，甲方逆纏，重心前移，領著乙方先向上後向外劃立圓，待分到身體兩側與肩平時止。此時乙方隨著甲方舒胸外開，重心逐漸後移，雙方兩眼左顧右盼（圖8-13）。

【動作三】接上式，甲方變順纏，以小指輕刁著乙方雙腕，向下劃弧至小腹前（甲方向外，乙方向內），在順纏劃弧時重心逐漸略後移。乙方隨著向下旋轉時，重心逐漸前移成前弓步，雙方眼視前

圖8-13　　　　　　　　圖8-14

方（圖8-14）。

【動作四】接上式，甲方繼續順纏，兩手交叉於胸前，雙掌心向內，兩手指斜上向兩側上，身體下蹲有欲合復開之勢。乙方緊緊隨著甲方聽其變化，將重心繼續前移，雙方眼視前方。然後甲方逆纏外分復原，週而復始。

【注意】甲方分乙，乙方分甲，皆同，甲乙輪流循環。

六、雙人合步推手演練法

【動作一】合步推手的步法與前雙手立圓步法相同。甲乙雙方同出右腳，兩腳內側相對，兩腳相距10公分左右。以腳跟著地，逐漸踏平，雙方重心在左腿，繼而略右移，然後各出右手在體前以兩

圖8-15　　　　　　　　　圖8-16

手背相交，眼視前方（圖8-15）。

【**動作二**】接上式，甲方重心前移，右手順纏隨身體略左轉，同時左手搭於右大臂中節處，掌心向外，拇指在下，雙臂構成外掤勁。乙方隨甲方同時出左手搭於甲方右大臂，右手將甲方右手略下按，然後前上按著甲方左小臂，此時乙方左右兩手構成按勁（圖8-16）。

【**動作三**】接上式，甲方接著乙方左手向上掤，同時右手由下向上搭於乙方左大臂中節處，然後逐漸由掤向左邊復捋。此時鬆左胯，重心略左移。乙方在甲掤時迅速收回右按手，搭於自己右大臂中節處（圖8-17）。

【**動作四**】接上式，乙方向甲方擠去。甲方在乙方擠的同時將捋乙方之手向下按，然後迅速前上按著乙方右大臂中節處，與左手同時構成按勁，重

圖8-17　　　　　　　　圖8-18

心前移。此時乙方由按變掤（圖8-18）。繼而乙方將甲方左手上掤，然後復捋，甲方將按手收回，搭在自己右大臂處，還原，週而復始。

七、雙人順步推手演練法

【動作一】雙方立正姿勢站立，甲方出右腳繼而變前弓步。同時右臂前伸內屈45°，繼而左手提起搭於右大臂中節，掌心向前外。在甲方出右腳的同時，乙方上左腳踏於甲方右腿外側，兩膝相靠（甲內乙外），同時右手與甲方右手外側相交，左手搭於甲方右大臂中節，與甲方左手相交，雙方互視（圖8-19）。

【動作二】接上式，甲方鬆右胯，身體右轉，重心略右移，兩手變雙順纏，逐漸向外掤。甲方身

圖8-19　　　　　　　　　圖8-20

體右轉時，乙方重心繼續前移，變雙按勁。雙方眼視側前方（圖8-20）。

【**動作三**】接上式，甲方先鬆左胯，重心左移，同時左臂沉肩、墜肘、提手，將乙方左手向上掤起，在左手上掤的同時，右手搭於乙方左大臂中節處，然後與右手構成捋勢（**先掤後捋，掤勢在瞬間變捋勢**）。乙方在甲方變捋勢的同時，重心繼續前移，然後右手收回搭於左大臂中節，速向甲方變擠勁。雙方眼視側前方，蓄而待動（圖8-21）。

【**動作四**】接上式，甲方鬆右胯，身體略右轉，同時將乙

圖8-21

圖8-22　　　　　　　　　　　圖8-23

方的左手向下按至小腹前，繼而向右外撥，然後左
手迅速提起前上，按到乙方右臂中節，與右手構成
欲按之勢。乙方在甲方下按時，左手由下再向上掤
住甲方右大臂，右手與甲方右手相接，此時乙方構
成外掤勁，雙方眼視側方（圖8-22）。

　　【動作五】接上式，乙方左腳蹬地，鬆右胯，
重心右移，同時兩手隨身體右轉一齊將彼右臂向右
側捋去，待左手捋到身體中線時止。甲方待乙方欲
捋時重心先左移，然後迅速將右腳提起，繼而向前
邁出，隨著乙方捋勁，將肩和大臂一齊向乙方胸前
擠出。但擠進時要做到上下相隨，根據乙方的捋勁
「剛柔」、快慢而定，適可而止。切不可速快過界，
過則不及，轉換不靈，反遭災殃（圖8-23）。

　　【動作六】接上式，甲方擠後重心後移於左
腿，同時右手變逆纏領著乙方向身後倒步，右腳落

圖8-24　　　　　　　　圖8-24副圖

地時腳尖先著地，逐漸踏平。右手上領時，左手前
上搭於乙方右大臂，雙手構成掤捋勢。在甲方欲
提手倒步的同時，乙方鬆左胯，重心左移，繼而提
起右腳隨甲方上領向前上步，踏於甲方左腿內側，
雙方兩膝相接，同時左手搭於右大臂中節，掌心向
外，與右臂構成擠勁，雙方眼視側方（圖8-24）。

　　【動作七】接上式，甲方鬆左胯，身體略左
轉，重心略左移，將乙方
右手先下按，繼而向左外
撥，然後提起右手前按，
與左手構成按勁。在甲方
下按的同時，乙方兩手順
纏逐漸外掤，重心逐漸右
移。雙方眼視側前方（圖
8-25）。

圖8-25

圖8-26

【動作八】接上式，乙方鬆左胯，重心左移，同時左臂沉肩、墜肘、提手，將甲方左手向上掤起，在左手上掤的同時，右手搭於甲方右大臂中節處，然後與左手構成捋勢（乙方先掤後捋也是在瞬間由掤變捋的）。甲方在乙方變捋勢的同時，重心繼續前移，然後右手收回搭於左大臂中節，速向乙方變擠勁。雙方眼視側前方（圖8-26）。

【動作九】接上式，雙方旋轉，乙方鬆右胯，身體略右轉，同時將甲方的左手向下按至小腹前，繼而向右外撥，然後左手速提起前上按在甲方右臂中節，與右手構成欲按姿勢。甲方在乙方下按時，左手向下再向上，住乙方右大臂，右手與乙方右手相接，此時甲兩臂構成外掤勁。雙方眼視側方（圖8-27）。

【動作十】接上式，雙方不停地運轉。甲方左腳蹬地，鬆右胯，重心右移，同時兩手隨身體右轉，一起將乙方右臂向右側捋去，待左手捋到身體中線時止。乙方待甲方欲捋時，先將重心左移，然

圖8-27　　　　圖8-27副圖

圖8-28　　　　圖8-28副圖

後速將右腳提起，繼而向前邁出，隨著甲方捋勁，將肩和大臂一齊向甲方胸前擠出。但在擠進時要達到周身上下相隨，根據彼捋快慢、剛柔而定，適可而止。我守我疆，莫要失界，過則不及，轉換不靈，反遭災殃（圖8-28）。

【動作十一】接上式，乙方擠後重心後移於左腿，同時右手變逆纏領著甲方向身後倒步，右腳落地時腳尖先著地，逐漸踏平。在手上領時，左手前

上搭於甲方右大臂，雙手構成捋勢。在乙方欲提手倒步的同時，甲方鬆左胯，重心左移，繼而提起右腳隨乙方上領向前上步，踏於乙方左腿內側，雙方兩膝相接，同時左手搭於右大臂中節，掌心向外，與右臂構成擠勁。雙方目視側前方。

此勢與前順步推手相同。下邊的旋轉方法與動作七、動作八、動作九、動作十相同，回歸到乙方捋、甲方擠。週而復始，每人一進一退步，正好完成掤、捋、擠、按四正手。

八、雙人大捋推手演練法

雙人大捋推手法，是陳式太極拳推手的第四種方法，它是建立在順步推手基礎上的另一種方法。在一進一退中將身法運動幅度加大，要求雙方均一條腿屈而下蹲，另一條腿向前伸展，以小腿肚著地。在這種低身法「四正手」演練中，再加入「四隅手」——採、挒、肘、靠來反覆實踐練習，從而達到增強下盤穩固和腿部力量的目的。

在低身法技擊應用情況下，仍不影響技擊的妙用，也不失其變化及靈活性，所以大身法的演練尤為重要。大捋是在四正手法的基礎上加大了身法（圖8-29），其他可參閱順步的方法。

圖8-29

九、雙人亂採花推手演練法

亂採花，也稱花腳步。這種推法，在手法上是採用四正手法，在步法上基本是採用上下步。但亂採花在手法和步法的應用上是靈活多變的，在運動旋轉中採用輕靈巧妙的手法。上攏下提，使對方在不知不覺之中處於被動局面，並以搭掃、滾拴、逼壓等手法來迫使對方處於被動挨打地位。

所謂搭是搭住對方的手，有互靠之意。掃是掃除之意，就是與對方搭手之後，所接觸之臂左右橫掃，使彼摸不著自己的勁在何處，尋不著中心何在。滾拴是建立在搭掃基礎上的，在搭掃的前提下，順逆、上下、左右滾動，纏繞滑空對方。拴是在運動中有一小臂橫於彼胸前，像門閂一樣閉門不開，使彼不能接近我身。在此基礎上，進行對彼逼壓，達到使其只有招架之功，沒有還手之力。在遊

鬥中或肘，或靠，乘虛而擊。若不擊，可先探聽己彼的功夫差距，只有知己知彼，才能百戰百勝。在步法上應與手法做到默契配合，根據對方的變化速度、方向、角度、步法的大小，隨時給予準確的判斷。上步時要不斷地踮小步，使自己處於主動地位。踮步時步法要輕靈敏捷，與上攏下提相配合。上步時一手輕輕攏住對方，另一手輕輕上提，這兩股勁實是合二為一股勁，切不可視之為二。在輕靈的提攏中不斷改變對方的中正手法，使其在不知不覺中陷入被動。這在推手中是一種迭法，只有在實踐中才能逐漸體會應用，決非一日之功。總之，若彼退一步，我可以二步或三步上之，直至方向、角度、身法、手法達到彼背我利為宜。這就是花腳步雙方演練的主要方法及目的（圖 8-30、圖 8-31、圖 8-32）。

圖 8-30　　　　圖 8-31　　　　圖 8-32

附　錄

金牌背後恩師情

　　一晃，我跟從王西安老師習拳已九年有餘。九年間，恩師言傳身教，與我情同父子，每每回憶起與恩師相處的點點滴滴，都有許多感慨，但提起筆，卻又不知如何盡言。

　　九年前，當我怯懦而又好奇地隨母親從焦作來到溫縣陳家溝一同拜見恩師時，僅僅八歲的我根本沒有意識到，這位高大魁梧、有著爽朗笑聲的年近六旬老人，改變了自己從此一生的理想與命運。

　　那時的恩師早已是享譽世界的陳式太極拳「四大金剛」之一，仰慕其盛名而從其學拳者眾多，國內國外的各年齡段的人都有，因忙碌於世界各地傳拳，恩師很少有時間留在溫縣。也許是想磨鍊我的意志，也許是忙於寫作，第一次見我，恩師只簡單問了一些情況，便安排我住進他的學校陳家溝武術院。說實話，自小在城市長大的我對陌生的集體生

活真有些吃不消，尤其當時正值酷暑，常常練上片刻便汗流浹背，衣服濕得能擰出水來，累得晚上連飯也吃不下。但看著武術院裡許多學員認真習拳的身影，我也暗下決心，一定不能讓恩師對我失望。幾天訓練下來，我的全身被曬得黝黑，父母見狀很是心疼，但我卻咬牙堅持下來，並學會了老架一路。也許正因為我的些許韌勁，恩師對我開始有些關注，並囑咐我，每天要練10遍拳。

「我要練30遍！」我突然大膽地回應了一句。「為啥要練30遍呀？」恩師笑盈盈地問。我立即搶著答：「書上說陳發科老師小時候每天練拳30遍，後來才成為一代宗師。」恩師聽後爽朗地笑了，說了句：孺子可教！

這句話，頗讓母親自豪和欣慰，便懇求大師收我為徒，大師欣然應允。就這樣，上小學二年級的我便有幸師從陳式太極拳大師王西安，成為他當年最小的弟子。每個週末，我都會坐車從焦作到陳家溝學拳。現在想來，當年走入師門應該是自己人生最重要的一個轉捩點，太極拳講究口傳身授，特別對於初學者來說，能拜一個好老師是極大的幸事，並可免走許多彎路。然而對於我，還意味著從此開始擁有了享用不盡的師愛。練習太極拳，動作規範至關重要。每到週末，只要恩師有空，都會逐招逐

式給弟子做示範講解，手該如何轉，腳該如何走，身該如何轉，眼該如何視，勁該如何合，耐心而細緻。然後恩師在一旁細觀，督促我們練習。若發現我們中有誰動作不對，便隨時予以糾正，有時一個動作反反覆覆要糾正很多次，恩師的嚴厲會令我們有些戰戰兢兢。

太極拳中有個動作叫「六封四閉」，記得我當時練了很長時間，卻怎麼都做不好，恩師也有些詫異。一次，我在練習這個動作時，恩師便在一旁靜觀。當時的我個子低，恩師站著看了半天，後又蹲著看。反覆幾次，他愜意地笑了，對我說，你要結合腰襠勁才行。恩師這一「蹲」著細觀，問題便迎刃而解，這也讓我對恩師的敬業精神肅然起敬。

我對恩師的嚴謹作風更有體會。「舞花豎刀翻身砍」這一招，須雙手緊握刀把，躍身翻跟頭而過，我感覺自己翻的跟頭已夠高了，然而恩師還是嫌低。後來，他索性再舞刀演示翻跟頭。看著年近六旬的恩師，我忙接過刀，勸他愛惜身體，但恩師卻認真地說：「我授拳都偷懶不到位，你怎麼能練到位啊！老師必須以身示教，否則，學生難以更快地領悟其中奧妙。」

這番話讓我銘記至今，也使我對「老師」這兩個字有了更深的理解，練起拳來，再也不敢有絲毫

懈怠。正因恩師對弟子的這份認真和負責，無形催我更刻苦練拳，唯恐展示學習成果時，看不到恩師的笑容和贊許。

書上說，師者，傳道、授業、解惑也。而在我看來，恩師這些年不僅教授了我拳術、拳理，更重要的是教會了我做人的道理。

2000年，我首次參加第一屆中國焦作國際太極拳年會比賽。為了讓我的表演更富有觀賞性，恩師依據我練拳的特點精心編排了套路，經編排後的套路動作能充分展示出太極功夫迅、猛、靈、脆、爆發力強、前柔後剛的特點。這一次，我不負眾望獲得了優秀獎。賽後，恩師拍拍我的腦袋，連連稱讚說：「不錯不錯！」從這一次起，我開始頻頻參加比賽，先後在「第二屆亞太武術交流會」、「全國推新人大賽」、「鄭州首屆世界傳統武術節」、「第十屆太極拳、劍、交手錦標賽」等十餘場大型賽事中屢屢奪魁，幾乎逢賽必奪金牌。

就在我對自己頗感滿意時，卻在2005年溫縣第十屆太極拳、劍比賽中拿了個兒少男子陳式太極拳第二名。我當時頗不服氣地對恩師抱怨：裁判不公！滿以為恩師會像以前一樣對我的表演給予贊許，沒想到他聽完我的抱怨臉色嚴肅起來，鄭重地對我說：都說名師出高徒，但名師未必手下都是高

徒，老師再用心，徒弟不努力，也練不成高手啊，這次你拿了第二名，只能說明你的功夫練得還不夠，你的拳意在拳先，意識不夠，還須更多努力。《太極拳譜》記述，學太極拳不可滿，滿則招損。能謙則虛心受教，人誰不樂告之以善哉！以後一定記著學拳要不驕縱、不自滿！

　　說完這些，恩師點了支菸，緩慢了口氣，語重心長地講道：太極拳修身養性，學拳講究宜以德為先，所以，要想練好太極拳，就必須先學會做人，只有做好人，才可能練好拳。你還小，學拳的路漫長一生，慢慢你才能體會到我今天這番話的用意，你要記得，學太極拳必須學會「大善」，心懷蒼生；其次，要戒驕戒躁，虛懷若谷；第三，要學會充實自己，鍛鍊毅力和增強頑強不息的精神……看似平靜一番話，讓我聽後頓覺站立不安，羞愧難當。從那以後，每當我再拿到金牌，都暗自告誡自己牢記師訓：謙者益，驕者敗。每一次拿到的獎牌，不過是人生路上一塊鋪路石子而已。

　　和恩師交往的拳師，都說他性格粗獷豪放，但對弟子們的細心照顧卻常常令人感慨、感動。前年，我需赴京參加比賽，為了不耽誤學習，我比其他隊員晚一天，由父親陪同連夜赴京。那天下火車時，外面正是瓢潑大雨，當我在雨中看著恩師親自

來接我們時，不覺心中陣陣暖流湧起。

　　一日為師，終身為父；師之所教，受用無窮。而恩師給我的愛亦是無窮的啊！

　　這些年，恩師雖然早已享譽世界，但他卻始終像一個認真的學生，在世界各地辛苦傳拳之際，總是忙裡偷閒自己寫書出書，親自動手編寫有關陳家溝及歷代拳師的奇聞軼事，常常在燈下一寫就是通宵達旦。恩師雖沒有受過高等的教育，但無論是他的書法還是他獨特的拳理拳悟，都備受世界無數太極拳愛好者的推崇，恩師是用身體力行默默為我們弟子樹立人生的榜樣啊！

　　在自己的網站最初建立時，我執意在首頁最上方寫上一句話：金牌背後，流淌著恩師的心血！這真的是發自肺腑的一句話，而這簡單的一句話，又怎能和恩師多年來對我的愛相比！

　　後來，恩師親自在網站上為我寫下一篇文章，其中寫道：「太極拳作為中華武苑的一支古老奇葩，讓我一生學之不盡，受益無窮，也正由此，它才相傳世代，並受到全世界的關愛。所以，無論作為長輩還是老師，我都希望申思能持之以恆，戒驕戒躁，將太極拳的發揚和傳播作為畢生的事業去堅守，無論碰到什麼困難和阻力，都不能退卻。

　　『陽光』總讓人聯想到希望和溫暖，聯想到

『光芒四射』。在太極拳廣播世界的今天，我希望
我的弟子申思能有著陽光一樣健康的體魄和心態，
有著陽光一樣美好的未來，並透過畢生的努力，讓
太極拳的光澤惠及更多的世人。

　　我想申思一定能做得到，因為這些年來，他一
直淌著汗水一路掌聲走到今天，二十多枚金牌就是
最好的證明……」

　　恩師的殷殷期望，都在字裡行間，而恩師多年
無言大愛，也永遠留在我心裡，讓我一生感恩，催
我一生奮進，引導我像恩師一樣，畢生為太極事業
的傳承竭盡全力。

　　遇見恩師，是我一生的幸運，一生的財富。我
記得有本書上寫過一句話：師者，即命運。我非常
贊同，因為拜入師門，幸遇恩師，讓我走進一個魅
力異常的太極世界，給了我一個精彩異常的太極人
生。

　　　　　　　　　　　　　　　　　　　申思
　　　　　　　　　　　　　　　　　　2008. 4

作者履歷

1944年7月17日出生於陝西省西安市。

1945年隨父返回原居地河南省溫縣陳家溝。

1951年在陳家溝學校上學，後就學於徐溝完小。

1958年陳式太極拳第18代傳人陳照丕還鄉，隨其學習陳式太極拳老架套路及器械。

1960年在青海哇玉香卡農機技校學習。

1961年到青海湖畔江西溝工作。

1963年返回河南省溫縣陳家溝。

1963年投師陳式太極拳第18代傳人陳照丕，學習陳式太極拳老架套路及器械。

1967年任陳家溝大隊民兵營長。

1970年任陳家溝業餘體校校長。

1970年至1983年任陳家溝大隊黨支部副書記。

1972年8月河南省在登封縣舉辦太極拳表演賽，任新鄉地區領隊（陳照丕老師任教練），會後向省委領導彙報表演。

1972年12月30日陳照丕老師病逝。這時太極拳正處於青黃不接時期，特派陳茂森赴北京請陳照奎老師返鄉，傳授太極拳新架套路。

1973年任溫縣領隊兼教練，參加河南省在開封市舉行的第2屆武術運動大會。

1974年獲新鄉地區太極拳選拔賽第1名。

1974年任河南省武術協會會員。

1975年再次榮獲河南省新鄉地區太極拳選拔賽第1名。

1976年任溫縣隊領隊兼教練,參加新鄉地區太極拳比賽。

1981年參加在河南省平頂山市舉行的太極拳比賽,榮獲銀獎。

1982年參加河南省太極拳推手賽,任溫縣隊教練兼隊員,以棄權獲第2名。

1982年參加河南省在平頂山市舉辦的太極拳比賽,榮獲金牌。

1982年參加在北京工人體育場舉行的全國太極拳推手比賽,榮獲冠軍。

1983年1月調到河南省體委武術處工作。

1983年7月27日受全日本太極拳協會的邀請,以陳家溝太極拳武術學校校長名義赴日本訪問。

1984年溫縣武術協會成立,任副秘書長。

1984年溫縣舉辦太極拳推手比賽,任總裁判長。

1984年河南省在溫縣舉辦太極拳推手比賽,任裁判長兼溫縣隊教練。

1984年任河南省武術館教練。

1985年任焦作市陳式太極拳協會顧問。

1985年溫縣舉辦太極拳推手大賽,任總裁判長。

1985年河南省舉辦太極拳武術比賽,任溫縣隊教練。

1985年全國太極拳比賽在山西省太原市舉行,任河南省隊教練。

1985年河南省太極拳選拔賽在鄭州市舉行,獲第1名。

1985年河南省職工武術選拔賽在開封市舉行,獲第1名。

1985年全國首屆太極拳名家邀請賽在黑龍江省哈爾濱市舉行,獲第1名。

1986年溫縣舉辦太極拳選拔賽，任總裁判長。

1986年河南省舉辦武術比賽，任溫縣隊教練。

1986年全國太極拳推手比賽在山東省濰坊市舉行，任河南省隊教練。

1986年10月1日應日本七堂利幸的邀請赴日本東京、大阪等地講學、傳拳。在此期間，應日本國際文化交流協會會長和大阪市市長的邀請，參加了該協會舉辦的國際學術交流大會，並且表演了陳式太極拳老架一路、二路，新架一路、二路及單劍等，受到了各國代表的好評。大阪市市長贈送城市金鑰匙，並被接納為大阪市名譽市民。

1987年溫縣舉辦太極拳推手大賽，任總裁判長。

1987年被河南省體委授予一級裁判員稱號。

1987年河南省旅遊學會成立，任第1屆常務理事會理事。

1987年溫縣成立中國陳式太極拳推廣中心，任總教練。

1987年10月全國武術比賽在湖北省孝感市舉行，任裁判。

1988年在河南省第1屆青少年運動會期間從省體委被借調到焦作武術館任教，在河南省第1屆青少年運動會上焦作市武術隊取得了各項太極拳比賽的優異成績，被焦作市人民政府記二等功一次。

1988年任少林國際武術邀請賽副總裁判長。

1988年任江西省南昌市陳式太極拳學會顧問。

1988年7月1日晉升武術中級職稱，發證單位為河南體委武術館。

1989年由天津開明文教音像出版社出版發行《中國神功——陳式太極拳王西安大系》(1)。

1989年3月2日應若瓦斯先生的邀請首次訪問法國。在訪問期間，接受了巴黎市第一、第二、第三電視臺，《歐洲時報》，《空手道雜誌社》，《解放報》等多家新聞單位專題採訪。同年3月15日夜，受到法國前總統、時任巴黎市長希拉克的

接見，並合影留念。

　　1989年被中共溫縣縣委授予先進科技工作者稱號。

　　1990年8月受日本瀨戶口篤邀請赴日為第11屆亞洲運動會開幕式中日太極拳表演培訓日本隊員。

　　1991年被河南師範大學聘為名譽教授。

　　1991年河南省太極拳劍比賽在開封市舉行，任副總裁判長。

　　1991年任焦作市武術協會副主席。

　　1991年11月6日至12月10日應瑞士和法國王衛國先生的邀請，赴瑞士、法國進行講學和訪問。

　　1992年4月21日受國家武術院特邀，赴濟南參加全國推手規則研討會。

　　1992年5月18日河南省太極拳劍推手賽在平頂山市舉行，任焦作市隊領隊兼教練。

　　1992年從河南省體委調到溫縣體委。

　　1992年9月任河南省溫縣太極武術館副館長兼總教練。

　　1993年編著的《陳式太極拳老架》一書由河南科學技術出版社出版。

　　1993年任溫縣太極拳開發委員會副主任。

　　1993年3月晉升為國家武術高級教練，發證單位為河南省人民政府。

　　1993年5月任河北省永年國際楊式太極拳聯誼會副理事長。

　　1993年5月30日任湖南省邵陽市陳式太極拳協會顧問。

　　1993年6月22日被中共溫縣縣委、溫縣人民政府命名為專業技術拔尖人才。

　　1993年10月受國家武術院特邀，赴杭州參加全國推手規則研討會。

　　1993年12月1日任河北省永年國際太極拳學院總教練。

　　1993年12月13日任南京市陳式太極拳研究會高級顧問。

1994年從溫縣體委調到溫縣旅遊局工作。

1994年被河南大學特邀為體育系太極拳培訓中心副主任兼總教練。

1994年應簡柳軍先生之邀赴法國巴黎講學，並成立了巴黎溫縣武術館、巴黎分館，任總教練。

1994年6月在全國武術之鄉比賽中，中共溫縣縣委、溫縣人民政府給予記功表彰一次。

1994年9月6日受馬來西亞少林國術健身社的邀請，任本社總教練。

1994年12月14日赴法國巴黎講學。

1995年應日本TBS電視臺與福昌堂出版社之約，在日本出版發行了《中國神功功夫最好》錄影帶，《陳式太極拳老架一路、二路及單勢演練與技擊用法》一、二集。

1995年11月應日本東京都野口敦子女士的邀請，赴東京、神戶、廣島、橫濱等地講學。

1996年5月應法國駱麗微女士的邀請，赴法國、荷蘭、西班牙等國講學。

1996年8月1日任山東省濟寧市發電廠武術隊高級顧問。

1996年8月6日任山東省兗州市體育協會高級顧問。

1996年8月28日任韓國城市太極氣功協會常任顧問。

1997年任江蘇省泗洪縣國際太極拳年會泗洪分會名譽會長。

1997年被聘為上海國際武術節特邀嘉賓。

1997年3月納入《國家名人典》。

1998年2月任浙江省溫州市國術館顧問。

1998年6月任美國休士頓太極拳武術館顧問。

1998年7月編著的《陳式太極拳推手技法》一書由河南科學技術出版社出版。

1998年8月任28集電視連續劇《太極宗師》武術顧問。

　　1998年11月任福建省漳州市太極拳協會顧問。

　　1999年自籌資金，興建一所占地約2萬平方公尺的陳家溝武術院（於1999年6月破土動工，2001年1月1日舉行開學典禮）。

　　1999年2月《陳式太極拳老架》（法文版，簡柳軍譯）在法國發行1萬冊。

　　1999年6月納入《中國民間武術家名典》。

　　1999年7月應法國巴德納市體育部、艾變協會蘇吾·阿蘭先生的邀請赴法國講學。

　　1999年7月編著的《陳式太極拳老架技擊秘訣》一書由河南科學技術出版社出版。

　　1999年8月納入《中國專家人才庫》。

　　1999年8月納入《中國百業領導英才大典》。

　　1999年9月納入《世界優秀人才大典》。

　　1999年9月納入《中國跨世紀人才大全》。

　　2000年2月納入《國際名人錄》。

　　2000年3月納入《二十一世紀人才庫》。

　　2000年4月組建了美國加利福尼亞州陳家溝武術院美國分院。

　　2000年4月美國加利福尼亞州金太陽女士成立了王西安太極拳研究會。

　　2000年5月納入《中國專家學者辭典》。

　　2000年5月17日應美國加利福尼亞州李書東先生的邀請，到舊金山、休士頓等地講學。同時作為太極瑰寶國際武術錦標賽、美國勤武武術聯合會的特邀代表，前往表演。廣大太極拳愛好者給予高度讚揚。《世界日報》、《神州日報》等媒體紛紛報導，被《美南新聞》譽為「國際太極拳王」。

　　2000年6月29日，應法國巴德納市體育部、艾變協會蘇吾·阿蘭先生的邀請赴法國講學。

2000年6月被法國巴德納市市長公尺琪・爾維先生授予「巴德納市永久榮譽市民」稱號。

2000年7月組建法國巴德納市艾變協會，成立了陳家溝武術院巴德納分院（分院院長為凱西亞阿列克斯）。

2000年7月納入《跨世紀人才》。

2000年8月納入《中國當代創業英才》。

2000年8月20～26日作為特邀嘉賓任中國・焦作國際太極拳年會仲裁。

2000年8月任中國民間武術家聯誼會副會長。

2000年9月納入《中華人物大典》。

2000年9月納入《中國專家大辭典》。

2000年9月納入《中國世紀專家》。

2000年9月納入《華夏英傑》。

2000年10月納入《輝煌成就，世紀曙光》。

2000年11月納入《中國專家人名辭典》。

2000年11月納入《中國人才世紀獻辭》。

2001年任陳家溝武術院院長。

2001年參加「隆威」中國珠海國際太極拳交流大會，為特邀嘉賓兼技術顧問。

2001年8月應法國艾變協會蘇吾・阿蘭先生的邀請，和閻素杰女士一起到法國巴德納及西班牙幫補路那講學。在法國講學時，學生為來自歐洲各國的太極拳教練；在西班牙講學時學員達500多人。

2002年任香港太極氣功社第2屆名譽會長。

2002年8月被聘為第2屆中國溫縣國際太極拳年會特邀嘉賓。

2002年8月應法國艾變協會蘇吾・阿蘭先生的邀請到法國巴德納講學。

2003年在河南音像出版社出版太極拳教學VCD7套。

2003年王西安國際太極拳協會希臘分會成立。

2003年4月被聘為洛陽師範學院客座教練。

2003年4月赴溫州、杭州講學。

2003年5月王西安拳法研究會香港分會成立，到會的香港各界領導及太極拳愛好者300餘人。

2003年8月應法國艾變協會蘇吾‧阿蘭先生和基先生的邀請赴法國巴德納、公尺路絲市講學，學生為來自各國的太極拳教練。

2003年9月被江蘇太倉太極拳交流大會聘為特邀嘉賓。

2003年9月赴佛山、桂林、昆明、重慶、石獅、廈門和西安講學交流。

2003年10月赴山東講學。

2004年在法國成立王西安拳法研究會法國分會，菲利浦德拉日任會長。

2004年4月應美國李書東先生的邀請，與閻素杰女士一起赴美國講學。

2004年7月應法國艾變協會蘇吾‧阿蘭先生的邀請赴法國巴德納講學。

2004年8月溫縣王西安拳法研究會成立，閻素杰任第1屆會長。

2004年8月第1屆王西安拳法研究會學習班開班，到會的全國各地教練及學員100餘人。

2005年任香港太極氣功社第3屆名譽會長。

2005年應溝丁那‧阿蘭先生之邀赴法國授拳。

2005年任焦作市太極拳研究會副會長。

2005年溫縣太極拳研究會成立，任副會長。

2005年任溫縣太極拳劍比賽仲裁。

2005年2月應法國王西安拳法研究會基先生和菲利浦德拉日兩人之邀到公尺路絲市和蒙都班市講學。

2005年5月11日被香港太極氣功社聘為2005年武術交流會演嘉賓。

2005年7月應王西安拳法研究會法國分會、巴德納市體育部、溝丁那‧阿蘭先生的邀請，與閻素杰女士一起到毛里翁市講學。

2005年9月被聘為中國焦作國際太極拳年會特邀嘉賓。

2005年10月王西安拳法研究會溫州麗水分會成立。

2005年10月浙江桐鄉市王西安拳法研究會桐鄉分會成立。

2005年10月28日溫州成立王西安拳法研究會溫州分會。

2006年廣州華都王西安拳法分會成立。

2006年1月榮獲中國民間武術家聯誼會優秀副會長稱號。

2006年2月受王西安拳法研究會法國分會美野萊蒙女士和基先生的邀請，與閻素杰女士一起赴法國比雅麗市和米路絲市授拳。

2006年3月應李書東先生的邀請，與閻素杰女士一起赴美國加利福尼亞州授拳。

2006年5月任第2屆東亞武術交流大會顧問，兼王西安拳法研究會教練。

2006年5月任河南省太極拳劍比賽仲裁。

2006年5月《陳式太極拳老架》、《陳式太極拳老架技擊秘訣》、《陳式太極拳推手技法》（法文版，溝丁那‧阿蘭翻譯）在法國發行。

2006年5月被聘為香港中華內家拳總會永久名譽會長。

2006年7月應王西安拳法研究會法國分會、巴德納市政府、鄭壽傑先生的邀請，與閻素杰女士一起到法國巴德納市講學。

2006年8月河南省溫縣舉辦「王西安太極人生」大型影展。

2006年9月和閻素杰女士一起到河南鹿邑縣講學。

2006年11月被河南電視臺武林風聘為專家評委。

　　2007年元旦，應林俊生先生邀請赴香港參加「太極推手」名家表演並擔任仲裁。

　　2007年1月王西安拳法研究會濮院分會成立。

　　2007年2月和閻素杰女士一起赴法國、義大利講學。

　　2007年5月應王西安拳法研究會的邀請，在溫縣舉辦「陳式太極拳老架一路」提高班。

　　2007年5月被河南電視臺武林風聘為專家評委。

　　2007年6月被命名為第一批國家級非物質文化遺產陳式太極拳傳承人。

　　2007年7月應香港太極氣功社邀請，赴香港講學並擔任「回歸杯太極推手比賽」仲裁。

　　2007年8月10日在陳家溝培訓王西安拳法研究會法國分會、義大利分會、希臘分會會員及俄羅斯、奧地利、美國學生。

　　2007年8月應邀參加「中國‧焦作國際太極拳交流大賽」名家表演。

　　2007年9月接受國務院新聞辦的採訪。

　　2007年10月3日，應邀參加「中國太極拳發源地、中國太極拳文化研究基地」授牌儀式暨陳家溝全國太極拳邀請賽開幕式上名家表演。

　　2007年11月1日受韓國「掤捋擠按學校」邀請攜弟子申思及石東赴韓國參加太極拳文化交流。

　　2007年11月5日和閻素杰女士一起應邀參加王西安拳法研究會淄博分會掛牌儀式。

　　2007年11月5日，入圍央視武林大會陳式太極拳海選的16強太極高手中，王西安拳法研究會會員占七名，他們分別是：王戰軍、陳三虎、李天金、宋三星、樊帥鑫、王峰、范魁。

　　2007年11月7日應中央電視臺武術大會訓練營的邀請，以武林大會全國選拔賽訓練營指導專家的身份，攜溫縣體育局武術科科長王東方、王西安拳法研究會會長閻素杰，共同前往馬

鞍山對入圍十六強的選手等進行集中訓練、指導。

　　2007年11月23日在陳家溝培訓日本東京陳式太極拳學員。

　　2007年11月接受黑龍江衛視的採訪。

　　2007年11月24日邀請美國國際文化科學院院士、太極圖文化研究所所長、四川華林自控科技有限公司董事長明賜東先生，到陳家溝武術院進行「太極圖探秘」及「中國始原文化稟太極」的講座。

　　2007年12月25日和閻素杰女士一起應登封市嵩山少林寺第一武術學院的邀請參加中國‧陳家溝太極拳少林培訓基地揭牌典禮儀式，同時被聘為訓練基地的顧問。

　　2007年12月28日應佛山弟子和粵港澳地區太極武術愛好者的要求和閻素杰女士一起到佛山市嶺南明珠體育館講學。

　　2007年12月被中央電視臺聘為武林大會陳式太極拳專家評委。

　　2008年2月7日應王西安拳法研究會法國分會、義大利分會、希臘分會的邀請和閻素杰女士一起赴歐洲講學。

　　2008年3月王西安拳法研究會會員王戰軍、陳三虎、李天金、樊帥鑫囊括中央電視臺武林大會陳式太極拳四個周擂主，王戰軍獲總擂主。

　　　　　　　　　　　　　　　　　（截稿於2008年4月）

歡迎至本公司購買書籍

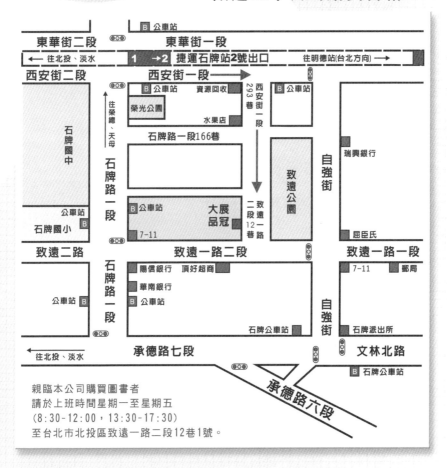

親臨本公司購買圖書者
請於上班時間星期一至星期五
(8：30－12：00，13：30－17：30)
至台北市北投區致遠一路二段12巷1號。

建議路線
1.搭乘捷運
　　淡水信義線石牌站下車，由月台上二號出口出站，二號出口出站後靠右邊，沿著捷運高架往台北方向走(往明德站方向)，其街名為西安街，約80公尺後至西安街一段293巷進入(巷口有一公車站牌，站名為自強街口，勿超過紅綠燈)，再步行約200公尺可達本公司，本公司面對致遠公園。

2.自行開車或騎車
　　由承德路接石牌路，看到陽信銀行右轉，此條即為致遠一路二段，在遇到自強街(紅綠燈)前的巷子左轉，即可看到本公司招牌。

國家圖書館出版品預行編目資料

陳式太極拳推手技法／王西安　著
——初版——臺北市，大展，2020〔民109.03〕
　　面；21公分——（陳式太極拳；13）
　　ISBN 978-986-346-285-9　（平裝）
　　1. 太極拳
528.972　　　　　　　　　　　　　　108023165

陳式太極拳推手技法

著　　者／王　西　安
責任編輯／韓　家　顯・韓　雅　楠
發 行 人／蔡　森　明
出 版 者／大展出版社有限公司
社　　址／台北市北投區（石牌）致遠一路2段12巷1號
電　　話／(02) 28236031・28236033・28233123
傳　　真／(02) 28272069
郵政劃撥／01669551
網　　址／www.dah-jaan.com.tw
E-mail／service@dah-jaan.com.tw
登 記 證／局版臺業字第2171號
承 印 者／傳興印刷有限公司
裝　　訂／佳昇興業有限公司
排 版 者／千兵企業有限公司
授 權 者／河南科學技術出版社
初版1刷／2020年（民109）3月
定　價／300元

●本書若有破損、缺頁請寄回本社更換●

大展好書　好書大展

品嘗好書　冠群可期